Literatur *und* Medien

Literatur und Medien

Herausgegeben von Volker Wehdeking

Band I

Der Trend zum Mystery-Genre in neuen Romanen und Filmadaptionen

Dan Brown, Arturo Pérez-Reverte und Wolfgang Hohlbein

von

Nina Waldkirch

Tectum Verlag

Nina Waldkirch

Der Trend zum Mystery-Genre in neuen Romanen und Filmadaptionen. Dan Brown, Arturo Pérez-Reverte und Wolfgang Hohlbein

Literatur und Medien; Band 1
Umschlagfoto: © mem-film : photocase.com
ISBN: 978-3-8288-9365-8

Besuchen Sie uns im Internet
www.tectum-verlag.de

Bibliografische Informationen der Deutschen Nationalbibliothek
Die Deutsche Nationalbibliothek verzeichnet diese Publikation in der Deutschen Nationalbibliografie; detaillierte bibliografische Angaben sind im Internet über http://dnb.ddb.de abrufbar.

Vorwort

Der Genre-Trend zum Mystery Thriller auf hohem Niveau ist derzeit unübersehbar. Und besonders die Filmadaptionen von Dan Brown (*Sakrileg / The Da Vinci Code*, 2006, *Illuminati ist im Herbst 2007 zu erwarten)*, aber auch Wolfgang Hohlbein (*Das Blut der Templer, 2004)* und Arturo Perez-Reverte (*Die neun Pforten, 1997,* verfilmt durch Polanski mit Johnny Depp) haben diesen Texten zu besonderer Aufmerksamkeit bei der zunehmend wichtigen Lesernische der Jüngeren und ‚Modern Performer' in den Großstädten mit ihrer Neigung zur Pluralität der Diskurse verschafft.

Für die neue Reihe „Literaturwissenschaft *und* Medien" ist die herausragende Diplom-Arbeit Nina Waldkirchs vorzüglich geeignet, weil sie die Parameter zum hybriden Genre „Mystery" mit seinem Kult der Verschwörungstheorien und Mittelalter-Orden im Zusammenhang der Gralssuche als ein auch zu hochliterarischen Beispielen (wie Perez-Reverte in Spanien und Dan Browns sicherlich bestem Roman bislang) führendes Erzählverfahren vorstellt. Ebenso flüssig formuliert wie sorgfältig definiert sie die Inhalte und strukturellen Aspekte sowie die Rezeption zu den Bedingungen der Leserforschung - als Modi der Lektüre-Kompetenz - und geht dabei auch auf die filmtechnische Seite der Adaptionen sehr genau ein. Die grundlegenden Kategorien der Literaturverfilmung sowie im knappen Überblick die Lebens- und Werkgeschichte der Autoren und Regisseure und die Entstehungsgeschichte der Filme werden ansprechend beleuchtet. Die Erwartungshorizonte der Konstanzer Rezeptionstheorie werden dabei ebenso beachtet die die sechs Leser-Modi in Werner Grafs Forschungsbeiträgen zum „Sinn des Lesens". Eine ausführliche Lektüre-Liste für weitere Titel im Genre-Zusammenhang, geeignet für eine Ausstellung im Kulturmanagement von Informationshäusern und ein gründliches Literaturverzeichnis zum Thema runden diese Einführung ins Genre und den Film-Kontext anhand exemplarischer Beispiele ab.

Zu Wolfgang Hohlbeins Fernseh-Zweiteiler von 180 Min. Länge ist der Roman „Das Blut der Templer" erst nachträglich aus dem Drehbuch entstanden, was zu einer heute nicht ungewöhnlichen Tendenz jüngerer Leser zwischen 18 und 35 passt, die hedonistisch gestimmt, zuerst den Film und dann als eine Vertiefung den Roman wahrnehmen, um mit den im Film attraktiv erscheinenden Figuren und dem magischen Thema in einer für viele unbefriedigend ‚auserklärten' Welt säkularen Zuschnitts in der Lektüre noch ein Stück weiterzuleben und die Reflexion zur zeitlosen, weil psychologisch der Lebenssinnsuche nahe stehenden Gralssuche für ihre Intim-Lektüre zu intensivieren. Wie Film und Text einander in der Wahrnehmung mitbedingen, zeigt die empirische Beobachtung, dass ein Roman schnell vergessen wird, wenn die Filmadaption kein Erfolg war.

Zum Roman „Der Club Dumas" (1993) in Spanien ist zu sagen, dass die große Verspätung des spanischen Einmündens in eine europäische Mainstream-Literatur hier eine Hochliteratur zustande gebracht hat (Marias, Montero, Perez-Reverte, Zafón), die besonders leserlich und dem Journalismus nahe formulierte, also spannend bei allen hochliterarischen Ambitionen. Erst nach 1980/85, bedingt durch das lange Franco-Regime und eine daran anschließende, auch längliche ‚Transicion' in Schüben der ‚Movida' und ‚Post-Movida', konnte diese Literatur entstehen und Arturo Perez-Reverte fand in seinem zweisträngigen Roman der Dumas-Verehrung zum Glück einen souverän interpretierenden Regisseur in Roman Polanski. Dieser hatte dem Surrealismus und Themen des magischen Absurden bereits wichtige Filme wie *Repulsion* und *Rosemaries Baby* abgewonnen. Das Thema einer existentiellen Revolte des gefallenen Engels mit den grünen Augen, verbunden mit einem geheimnisumwitterten, von Luzifer selbst unter Umständen mitillustrierten Buch, „Die neun Pforten', fand hier einen um alles bibliophile Beiwerk zu Dumas verkürzten und gestrafften Film eigenständiger Deutung des metaphysisch angehauchten Themas.

Seit Dan Brown sich mit den Gralsthesen des ‚Sangreal' eines Michael Beigent und Richard Leigh in seinem auch für Bildungstouristen und Mittelalterhistoriker interessanten Roman *The Da Vinci Code* (2003) auseinandersetzt hat sein auf den Spuren Umberto Ecos und des Detektivromans verjüngtes, hybrides Genre die Leser begeistert und viele in den Film gelockt. Verschwörungstheorien, Geheimbund-, Kriminal-, Schauer-, und Bildungsroman gehen hier eine faszinierende Mischung ein. Manche hochliterarischen Züge des Mystery Thrillers von Brown kann der Film, auch wiederum aus Genre-Gründen, nicht einholen, auch wenn die Besetzung hochkarätig war.

Zu alledem hat Nina Waldkirch eine sehr ansprechende, wissenschaftlich genaue und zugleich leserliche Hinführung geleistet. Man kann dieser Abschlussarbeit guten Gewissens viele Leser mit der Neigung zur Pluralität der Diskurse wünschen.

Stuttgart im Mai 2007

Volker Wehdeking

Hochschule der Medien Stuttgart (HdM)

Inhaltsverzeichnis

I. Einleitung

Seit einigen Jahren ist eine auffallende Tendenz zum Mystery-Genre zu verzeichnen, sowohl im Buch-, als auch im Film- und Fernsehbereich.

Das Mystery-Fieber begann im Bereich des Fernsehens 1991 mit dem Start der US-Serie *Twin Peaks* bei RTL. Daraufhin folgten weitere Mystery-Serien, wie *Akte X* (1994), *Roswell, Buffy* und *Charmed.* Sie alle bedienen sich uralter Mythen, Legenden, wie die des Heiligen Grals, Rätseln, die es aufzudecken gilt, und Geheimgesellschaften.[1] Heute dominieren u. a. die Fernsehserien *Lost, Surface - Unheimliche Tiefe, Die Rückkehrer* oder *Relic Hunter – Die Schatzjägerin,* in der ebenfalls das Motiv der historischen Schatzsuche vertreten ist, das Mystery-Programm.

Das erfolgreiche Konzept weitete sich durch Dan Browns Mystery-Thriller *Illuminati* und *Sakrileg* auf den Buchmarkt aus. Sie waren Auslöser einer Mystery-Welle im Buchhandel. Seither folgten weitere Bücher dieses Genres: *Das letzte Geheimnis* von Ian Caldwell und Dustin Thomason, Scott McBains Romane *Der Judasfluch, Die Geheimloge* und *Der Mastercode* oder *Das verborgene Labyrinth* von Kate Mosse.[2] Aber nicht nur im Unterhaltungsbereich hat dieses Genre Erfolg, sondern auch im Sachbuchbereich. Die Fantasie der Leser[3] wird von den Romanen so sehr angeregt, dass sie sich selbst auf eine Recherchejagd begeben. Dieses Interesse bedienen Bücher, wie *Die Wahrheit über den Da Vinci Code* und *Die geheime Bruderschaft* von Dan Burstein. Bereits die *Indiana Jones*-Trilogie aus den 1980er Jahren hatte mit dem Element der Schatzsuche großen Erfolg in Kino und Fernsehen. Dieses Element wird jetzt fortgeführt mit Filmen, wie *Das Vermächtnis der Tempelritter.*[4] Da sich das Mystery-Genre demnach bereits im Filmsegment etabliert hat, werden derzeit viele Mystery-Romane verfilmt und auf die Kinoleinwand gebracht, weswegen ich die Verfilmungen der in dieser Arbeit behandelten Romane untersuche.

---

1 Vgl. München, Brit: Geheimnisvolle Themen wecken goldene Träume. In: buchreport.magazin 7(2005), S.36

2 Vgl. ebd. S. 37

3 Aufgrund besserer Lesbarkeit wird in dieser Diplomarbeit ausschließlich die männliche Sprachform verwendet, es sind jedoch auch stets weibliche Personen gemeint.

4 Vgl. München, Brit: Geheimnisvolle Themen wecken goldene Träume. In: buchreport.magazin (2005)7, S. 36 f

Das Mystery-Genre hat nicht nur intermedialen, sondern auch internationalen Charakter. Aus diesem Grund habe ich die drei Romantitel *Sakrileg, Der Club Dumas* und *Das Blut der Templer* gewählt. Mit dem angloamerikanischen Schriftsteller Dan Brown, dem Spanier Arturo Pérez-Reverte und Wolfgang Hohlbein, einem deutschen Autor, sind gleich mehrere Länder des Mystery-Genres vertreten. Des Weiteren grenzte ich die Titel auf die Mystery-Themen ein, welche Verschwörungstheorien, nämlich Verschwörung von Geheimgesellschaften, verbinden. Sie verkörpern gleichzeitig den neuen Aspekt des Mystery-Genres.

Der vielseitige und durchdringende Charakter dieses Genres hat mich sehr beeindruckt, wodurch ich mich entschieden habe, meine Diplomarbeit über den Trend des Mystery-Genres in neuen Romanen und Filmadaptionen zu schreiben. Diese Arbeit soll das Erfolgsgeheimnis des Genres erklären, bzw. aufzeigen und seine Tendenz zur Weiterentwicklung beweisen.

Zum Verständnis des Lesers wird zunächst das hybride Genre Mystery definiert, seine Entstehungsgeschichte ist bereits in dieser Einleitung enthalten. Da die Bezeichnung „Mystery" erst seit kurzer Zeit existiert, habe ich dazu wenig Literatur gefunden. Daher setzt sich die Definition aus jenen wenigen Materialien und meinen eigenen Beobachtungen zusammen. Die Arbeit dient daher ebenfalls dazu, einen Beitrag zu dem bislang selten untersuchten Fachgebiet „Mystery" zu leisten. Außerdem werden in diesem Teil die für das Mystery-Genre kennzeichnenden Geheimbünde und die damit zusammenhängenden Verschwörungstheorien behandelt und die spezifischen Lesemodi des Genres vorgestellt. Darauf folgen die Interpretationen der Romane in der Reihenfolge *Sakrileg, Der Club Dumas* und *Das Blut der Templer* und deren Verfilmungen *The Da Vinci Code, Die neun Pforten* und *Das Blut der Templer,* wobei die darin vorkommenden Geheimbünde jeweils besonders in Augenschein genommen werden. Untersucht werden hierzu nach einem kurzen Inhaltsabriss Struktur und Erzählperspektive, die Protagonisten, bzw. die Schauspieler und ihre Rollenbesetzung, die Hauptmotive des Romans, Sprache und Stil, bzw. die Filmsprache, die Botschaft und die Rezensionen zu Roman und Film. Den Interpretationen sind jeweils die Biographie des maßgeblichen Autors oder Regisseurs vorangestellt, um deren Bezug zum Werk zu demonstrieren. Am Ende jeden Kapitels werden Buch und Film direkt miteinander verglichen, um Unterschiede der Umsetzung des Themas Mystery in den verschiedenen Medien aufzuzeigen. Am Ende der Arbeit steht eine Zusammenfassung der untersuchten Thesen zum Mystery-Genre.

Diese Diplomarbeit ist nicht nur für Bibliothekare und Fachleute der Literatur und des Films von Interesse, sondern auch für alle Mystery-Fans.

> „[…] Wir alle versuchen, die großen Geheimnisse des Lebens zu entschlüsseln […].“[5]

[5] Dan Brown [zitiert nach: Brown, Dan: Sakrileg. The Da Vinci Code. 1. Aufl. Bergisch Gladbach: Lübbe, 2006. S. 613 (Interview mit Dan Brown)]

II. Das Mystery-Genre

1. Definition des Mystery-Genres

Beim Mystery-Genre handelt es sich um ein hybrides Genre. Der Ausdruck hybrides Genre bezeichnet „[...] literarische Textsorten, die Merkmale unterschiedlicher Gattungen in sich vereinen".[6] Dies gilt ebenso für Filme. Durch diese Vermischung entstehen sodann neue Genres, wie das Mystery-Genre. Mystery setzt sich aus einer Vielzahl von Gattungen zusammen: aus der Detektivgeschichte, dem Thriller und aus Fantasy. Außerdem finden sich teilweise Horror-Elemente. Mit Detektivfilmen oder -Büchern hat das Mystery-Genre die Aufklärung eines Verbrechens, nämlich Mord, durch den Protagonisten gemein, wozu dieser ausschließlich seine Beobachtungsgabe und die Fähigkeit zur logischen Kombination einsetzt.[7] Die meist männlichen Hauptfiguren – so in allen drei in dieser Arbeit behandelten Romanen und deren Verfilmungen – dieses Genres, aus deren Perspektive die Geschichte erzählt wird, sind in der Regel überdurchschnittlich intelligent und Meister auf ihrem jeweiligen Fachgebiet (Robert Langdon ist Symbolologe, Lucas Corso ist Spezialist für antiquarische Bücher). Diese Eigenschaft ist als Hauptfigur im Mystery-Genre unabdingbar, da sie eine Reihe anspruchsvoller Rätsel lösen muss, indem sie oft die Grenzen der Legalität überschreitet, um ein Geheimnis (Mystery (englisch) = Geheimnis[8]) zu lüften. Dazu muss sie verstaubte Dokumente, Codes und Symbole studieren, die mit wissenschaftlichen Erkenntnissen und geschichtlichen Tatsachen einhergehen,[9] wodurch Fakt und Fiktion miteinander verbunden werden. Aus diesem Grund hat das Mystery-Genre für den Leser, bzw. Zuschauer, zusätzlich den Vorteil, lehrreich zu sein. Das Geheimnis kann in der Regel erst am Schluss des Romans, bzw. Films, aufgedeckt werden, der somit den Höhepunkt der Erzählung in diesem Genre bildet und oft mit Überraschungen aufwartet. Hinter dem Geflecht von zahlreichen Verdächtigen steht

---

[6] Nünning, Ansgar: Metzler Lexikon Literatur- und Kulturtheorie. Dritte, aktualisierte und erweiterte Auflage. – J. B. Metzler. S. 267

[7] Vgl. Bender Verlag: Lexikon der Filmbegriffe (Online), 2003. - www.benderverlag.de/lexikon/, 12.07.2006

[8] Vgl. ebd.

[9] Vgl. München, Brit: Geheimnisvolle Themen wecken goldene Träume. In: buchreport.magazin (2005)7, S. 36

immer ein Drahtzieher, der alle Fäden in der Hand hält und für die kriminellen Entwicklungen verantwortlich ist. Viele Szenen von Detektiv- und Mystery-Filmen spielen im Dunkeln, um eine geheimnisvolle Atmosphäre zu inszenieren.[10] „Der Detektivfilm gehört [...] zum Genre des Krimis".[11]

Ebenfalls zum Kriminalroman, bzw. -Film gehört der Thriller. Seine wesentlichen Merkmale sind der Suspense, bei dem der Leser, bzw. Zuschauer, einen Wissensvorsprung vor dem Protagonisten hat, und die Spannung, die sich dadurch auszeichnet, dass der Rezipient stets auf dem gleichen Informationsstand wie die Hauptfigur ist.[12] Diese Art des Plotaufbaus wird auch von den Mystery-Autoren und -Regisseuren angewendet. Im Thriller wie im Mystery-Bereich schwebt der Protagonist durch Angriffe seines Gegenspielers ständig in Lebensgefahr und entgeht den Mordangriffen nur knapp.[13] In diesem Zusammenhang kommen in Mystery-Romanen und -Filmen häufig Verfolgungsjagden vor, wodurch die meist ruhige Atmosphäre des Recherchierens nach der Lösung des Geheimnisses durch Action belebt wird. Beim Mystery-Thriller ist die Quelle der Gefahr, bzw. die Identität des Bösewichts immer unbekannt.[14] „(Sie) ist eine geheime, oft jegliche Moral missachtende Interessengemeinschaft 'unterhalb' der gesellschaftlichen Oberflächen. (Daher) geraten [...] die Protagonisten, die ein Geheimnis (und das dazugehörige) Verbrechen aufklären (wollen), in die lebensbedrohliche Nähe von Geheimbünden oder Interessenverbünden".[15]

Des Weiteren versteht man unter Mystery „[...] die paranormale Verrätselung der Alltagswelt [...]. (Hierzu zählen beispielsweise) unerklärliche Vorkommnisse, Magie- und Spukähnliches [...] (oder) paranor-

10 Vgl. Mikos, Lothar: Film- und Fernsehanalyse. - Konstanz: UVK Verlagsgesellschaft, 2003. S. 259

11 Bender Verlag: Lexikon der Filmbegriffe (Online), 2003. – www.benderverlag.de/lexikon/suche3.php?Detektivfilm&Term&1, 12.07.2006

12 Vgl. Bender Verlag: Lexikon der Filmbegriffe (Online), 2003. – www.benderverlag.de/lexikon/suche3.php?Thriller&Term&7, 12.07.2006

13 Vgl. Wikipedia: Krimi. – www.wikipedia.org/wiki/Krimi, 13.07.2006

14 Vgl. Bender Verlag: Lexikon der Filmbegriffe (Online), 2003. - www.benderverlag.de/lexikon/suche3.php?Thriller&Term&7, 12.07.2006

15 Bender Verlag: Lexikon der Filmbegriffe (Online), 2003. – www.benderverlag.de/lexikon/suche3.php?Thriller&Term&7, 12.07.2006

males Verhalten […]".[16] Dabei wird der phantastische und horrible Anteil des Mystery-Genres deutlich. Die Darstellung des Unheimlichen erfolgt in Mystery-Romanen und -Filmen jedoch weitaus zurückhaltender als in typischen Horrorfilmen, denn beim Mystery stehen verstärkt das Lösen von Rätseln, die Hauptfiguren, deren Leben und Emotionen im Vordergrund.[17] Ein Horror-Film zeichnet sich durch sein Affektmanagement aus, d.h. er ist „beunruhigend (und) unangenehm […], (indem er) Ideen, Verhaltensweisen oder Überzeugungen (präsentiert), die nicht (zusammenpassen und) die unsere Erwartungen und Auffassungen bezüglich der ‚Welt' […] überschreiten".[18] Dieses Gefühl wird in *Sakrileg* durch die Auffassung, Jesus wäre mit Maria liiert gewesen und hätte ein Kind mit ihr gehabt, erzeugt. Sie widerspricht sämtlichen Vorstellungen, die wir von frühester Jugend an erlernt haben und diese Verwirrung verängstigt uns. Auch die Gegensätze Gut und Böse kommen im Mystery-Genre durch die Rollen der Hauptfigur, deren Partei wir aufgrund ihrer Sympathie ergreifen, und deren gewaltbereiten Antagonisten vor. Fantastische Elemente im Mystery-Genre gehen auf den magischen Realismus zurück, z.B. wenn Irene Adler, der gefallene Engel in *Der Club Dumas*, die Treppe am Kai hinunter schwebt, um Corso vor seinem Angreifer Rochefort zu retten.[19] Ebenso kennzeichnend für das Fantasy-Genre ist die Heldenreise des Protagonisten, auf der er sich mit dem Bösen konfrontiert sieht und durch die er am Ende ein besserer Mensch wird. Auch die meist einsamen und zurückgezogen lebenden Einzelgänger des Mystery-Genres verändern sich im Verlauf des Plots zum Positiven, brechen aus ihren starren Verhaltensmustern aus und finden sogar oft die Liebe.

Ein weiteres Merkmal des hybriden Genres ist seine Intermedialität, d.h., es findet in verschiedenen Medien Anwendung.[20] In der vorliegenden Arbeit wird auf die Medien Buch und Film eingegangen.

Das Mystery-Genre „bedient […] die Lust auf Geheimnisse in einer informationsübersättigten und scheinbar auserklärten Welt".[21] Da in der

---

16 Bender Verlag: Lexikon der Filmbegriffe (Online), 2003. – www.benderverlag.de/lexikon/suche3.php?Mystery&Term&4, 12.07.2006

17 Vgl. Wikipedia: Mystery. – www.wikipedia.org/wiki/Mystery, 13.07.2006

18 Bender Verlag: Lexikon der Filmbegriffe (Online), 2003. - www.benderverlag.de/lexikon/suche3.php?Horrorfilm&Term&2, 12.07.2006

19 Vgl. Pérez-Reverte, Arturo: Der Club Dumas. 9. Aufl. - Goldmann Verlag, 1997. S.329

20 Vgl. Nünning, Ansgar: Metzler Lexikon Literatur- und Kulturtheorie. Dritte, aktualisierte und erweiterte Auflage. - J. B. Metzler. S. 267

heutigen Gesellschaft alle Vorgänge logischen Gesetzen folgen und alle Phänomene erklärbar geworden sind, suchen wir nach Mysterien, die uns die Hoffnung auf etwas Geheimnisvolles und Unerklärliches zurückgeben. Die Autoren treffen damit auf eine Leserschaft, die bereit ist, deren Verschwörungstheorien, auch wenn diese mit teilweise fantastischen Elementen aufbereitet sind, offen anzunehmen. In diesem Sinne ersetzt Mystery den Magischen Realismus, der sich u. a im postmodernen Schreibstil, in dem die Mystery-Romane meist verfasst sind, niederschlägt.

Ein Hauptbestandteil von Mystery-Stories sind, wie oben bereits erwähnt, die Geheimbünde, bzw. Geheimgesellschaften. Daher soll im folgenden Kapitel gesondert darauf eingegangen werden.

2. Geheimbünde und Verschwörungstheorien als Hauptmotiv im Mystery-Genre

Geheimbünde und die ihnen zugeordneten Verschwörungstheorien spielen in *Sakrileg, Der Club Dumas* und *Das Blut der Templer*, einschließlich deren Verfilmungen, jeweils eine große Rolle und bilden damit ein Hauptmotiv des Mystery-Genres. Geheimbünde zeichnen sich durch folgende Merkmale aus: Sie sind Organisationen, die im Verborgenen arbeiten, der Eintritt erfolgt auf Empfehlung und ist mit Initiationsriten verbunden, ihre Ziele und Tätigkeiten stimmen meist nicht mit denen der Gesellschaft überein und sie verfügen über ein geheimes Wissen.[22] Ihre Mitglieder verbinden gemeinsame Interessen, „[...] die von aufklärerischen, politischen, spirituellen, religiösen, mystizierenden, okkultistischen oder esoterischen Zielen motiviert sein können".[23] In den hier untersuchten Mystery-Romanen und -Filmen sind dies religiöse Ziele. Ein Geheimbund, bzw. eine Geheimgesellschaft hat einen konspirativen Hintergrund, wodurch sie zur Geheimhaltung gegenüber der Öffentlichkeit verpflichtet ist. Das Wissen darf demnach ausschließlich innerhalb des Geheimbundes weitergegeben werden und auch die Existenz der Gesellschaft muss geheim gehalten werden. Andernfalls wäre sie angreifbar und ihre Ziele würden scheitern. Die

---

21 Der Spiegel 12(2004) [zitiert nach: München, Brit: Geheimnisvolle Themen wecken goldene Träume. In: buchreport.magazin (2005)7, S. 36]

22 Vgl. Wikipedia: Liste der Geheimbünde, 08.08.2006. – www.wikipedia.org/wiki/Liste der Geheimbünde, 21.08.2006

23 Wikipedia: Geheimbund, 17.07.2006. www.wikipedia.org/wiki/Geheimbund, 21.08.2006

Gründung von Geheimbünden liegt mehrere hundert Jahre zurück und ihre Existenz hat sich bis heute erhalten. Im Laufe der Jahrhunderte entwickelten sich einige Geheimgesellschaften zu so genannten „diskreten Gesellschaften", so auch im Falle der Freimaurer. Der Ausdruck „diskret" wird verwendet, da sie zwar einen gewissen Bekanntheitsgrad innerhalb der Gesellschaft besitzen, deren Aufmerksamkeit jedoch trotzdem meiden. Diskrete Gesellschaften sind Orden, die Initiationsregeln und -Riten besitzen. Ihre Mitglieder haben Ordens- bzw. Initiierungsgrade, was eine Hierarchie erkennen lässt, denn bestimmte Aspekte der Lehren werden aus philosophischen Gründen nur innerhalb der höheren Grade weitergegeben. Diskrete Geheimbünde der heutigen Zeit berufen sich auf den Ritterorden der Templer, auf die Freimaurer, die Rosenkreuzer oder den Illuminatenorden. Opus Dei ist dagegen ein christlicher Geheimbund.[24] Im Mystery-Bereich bewegen sich die Geheimbünde meist im Verborgenen. Auf die in den behandelten Büchern und Filmen vorkommenden Geheimbünde wird in der jeweiligen Buch- bzw. Filminterpretation näher eingegangen.

Geheimgesellschaften, gleichgültig welcher Art, stehen immer in Verbindung mit Verschwörungstheorien.

> „Als Verschwörungstheorie bezeichnet man den Versuch, Ereignisse, Zustände oder Entwicklungen durch eine geheime Verschwörung zu erklären, also durch das zielgerichtete, konspirative Wirken von zwei oder mehr Personen zu einem verborgenen, illegalen oder illegitimen Zweck."[25]

Verschwörungstheorien lassen sich in den meisten Fällen nie vollständig nachprüfen. Es lassen sich zwei Hauptformen von Verschwörungstheorien unterscheiden: die Zentralsteuerungshypothese und der Konspirationismus. Bei der Zentralsteuerungshypothese werden illegale Tätigkeiten von Geheimbünden oder Geheimdiensten für bestimmte historische Ereignisse oder Entwicklungen verantwortlich gemacht. Oft sind damit auch Geheimcodes verbunden. Hier wird ein Phänomen auf rationaler Ebene mit einer Verschwörung erklärt. Eine Zentralsteuerungshypothese kann durch empirische Beweise korrekturfähig sein, d.h. sie kann im Ausnahmefall auf der Realität basieren. Der Konspirationismus schließt dagegen eine Beweisbarkeit aus und ist somit durch einen irrealen Charakter geprägt. Wird er auf größere Ereigniszusammenhänge ausgedehnt, spricht man von einem „konspira-

---

24 Vgl. Wikpedia: Geheimbund, 17.07.2006. – www.wikipedia.org/wiki/Geheimbund, 21.08.2006

25 Wikipedia: Verschwörungstheorie, 09.07.2006. - www.wikipedia.org/wiki/Verschwörungstheorie, 13.07.2006

tionistischen Welt- und Geschichtsbild". Dabei erfolgt die stereotype Anwendung eines Erklärungsmodells auf alle denkbaren Phänomene. Dadurch wird eine bedrohliche Situation erklärbar und reduziert ihre Komplexität für die Gesellschaft. Auch hier wird den Verschwörern das Ausführen von Plänen historischen Ausmaßes zugeschrieben. Die Verschwörer können Einzeltäter darstellen oder wiederum Geheimbünde, die über ein weltweites Beziehungsnetz verfügen, wodurch sie für den Rezipienten besonders mächtig und bedrohlich erscheinen. Außerdem verfügen sie über Geheimhaltungsmechanismen, die sie noch schwerer fassbar machen. Vertreter des Konspirationismus sind äußerst radikal: Das Fehlen von Beweisen wird als Beweis für eine Verschwörung gewertet und „Nichtgläubige" wurden ihrer Meinung nach entweder getäuscht, erpresst oder sind sogar Mitwisser der Verschwörung. Die Grenzen dieser beiden Verschwörungstheorien sind fließend, weshalb sie in der Praxis schwer auseinander zu halten sind, z. B. wird zurzeit immer noch über den Wahrheitsgehalt von Dan Browns *Sakrileg* diskutiert. In allen drei der in dieser Arbeit behandelten Romane verbinden sich Zentralsteuerungshypothese und Konspirationismus in den Verschwörungen. Verschwörungstheorien hat es in der Geschichte schon immer gegeben, weshalb sie in der Wissenschaft auch als „anthropologische Konstante" bezeichnet werden.

In der Literatur ist die Intrige und Aufdeckung einer Verschwörung ein beliebtes Thema. Sie eignet sich besonders gut für das Mystery-Genre, da sie Spannung erzeugt, indem sich der Held der Erzählung immer tiefer in die Geheimnisse einer Konspiration verstrickt und dabei mehrmals in Lebensgefahr schwebt. Der Leser erwartet voller Ungeduld die Auflösung der Verschwörung, bzw. die Aufdeckung des Geheimnisses der Gesellschaft. In der postmodernen Literatur dient die Verschwörungstheorie dem Beleg, die Wirklichkeit sei in Wahrheit eine Konstruktion und Lüge.[26]

---

26 Vgl. Wikipedia: Verschwörungstheorie, 09.07.2006. – www.wikipedia.org/wiki/Verschwörungstheorie, 13.07.2006

3. Lesemodi des Mystery-Genres

Nach Werner Graf werden Lesemodi definiert als

> „...in der literarischen Sozialisation erworbene Handlungsdispositionen, die spezifische Rezeptionsweisen ermöglichen, um Texte subjektbezogen zu nutzen, also um z. B. Bedürfnisse zu befriedigen, um Interessen zu realisieren oder um Notwendiges zu bearbeiten, um Wissen zu erwerben, um Erfahrungen zu machen oder um Kunst zu genießen."[27]

Graf unterscheidet sechs verschiedene Lesemodi, welche in freiwillige und Pflichtlektüre aufgeteilt werden. Bei Letzterem erfolgt das Lesen aus Schul- oder Berufsgründen, also zur Bildung, Aus- oder Weiterbildung; bei der freiwilligen Lektüre dagegen hat der Leser eine intrinsische Motivation. Folgende fünf Lesemodi zählen zur freiwilligen Lektüre: Instrumentelles Lesen, Lesen als Partizipation, Intimes Lesen, Interessenorientiertes Konzeptlesen und Ästhetischer Lesemodus. In dieser Arbeit werde ich nur auf die für das Mystery-Genre relevanten, bzw. zutreffenden Modi eingehen.[28]

3.1 Intimes Lesen

Der Lektürezweck des intimen Lesers ist die Unterhaltung, das Lesen erfolgt also aus Vergnügen am Buch und verfolgt keine nützlichen Gründe. Daher bevorzugt er den Unterhaltungsroman, der der fiktiven Literatur zuzuordnen ist. Alle drei der in dieser Arbeit behandelten Bücher erfüllen diese Anforderung. Diese Art von Lektüre wird vorwiegend von Frauen bevorzugt. Der Leser dieses Modus ist in die Erzählung immer stark emotional involviert. Er vergleicht seine eigene Lebenssituation mit dem Romangeschehen und zieht Parallelen. Demnach findet beim Leser eine Identifikation mit den Hauptfiguren des Romans statt. Sie kann durch die Ich-Perspektive, einem personalen Er-Erzähler oder durch detaillierte Landschafts-, Städte- und Figurenbeschreibungen gefördert werden, wie z.B. in *Sakrileg*, indem Dan Brown die besuchten Gebäude (z.B. den Louvre) genau beschreibt. Dadurch entsteht beim Intimleser ein so genanntes „Leseerlebnis", bei dem Aspekte, wie eine hohe subjektive Beteiligung, Glücksgefühle oder Differenz zum Alltag erfüllt sind. Aufgrund der äußeren Umstän-

---

27 Graf, Werner: Der Sinn des Lesens. Modi der literarischen Rezeptionskompetenz. In: Leserforschung. Band 1. - Münster: Lit, 2004. S. 120

28 Vgl. Graf, Werner: Der Sinn des Lesens. Modi der literarischen Rezeptionskompetenz. In: Leserforschung. Band 1. - Münster: Lit, 2004. S.21 f

de, die den Akt des Lesens begleiten, wird sie auch als „private Lektüre" bezeichnet: Da für sie Gemütlichkeit, Ruhe und Muße benötigt wird, findet sie meist abends im Bett, bei schlechtem Wetter zu Hause oder während des Urlaubs statt. Sie bietet die Möglichkeit, sich zu entspannen, aus dem Alltag zu flüchten und in eine andere Welt einzutauchen. Ein Hauptmerkmal dieses Lesemodus ist daher die Intimität, d.h. das Alleinsein mit dem Buch. Demzufolge schließt die intime Lektüre öffentliche Teilhabe in Form von Diskussionen über das Gelesene aus. Spannung ist ein wichtiger Anspruch des intimen Lesers an das Buch. Diese soll gleich zu Beginn der Handlung einsetzen. Beim Unterhaltungsroman und vor allem bei Mystery-Büchern ist diese Spannung gewährleistet. Dies wird z. B. auch durch das Zurückhalten von Informationen erzeugt. Da zu Beginn des Mystery-Romans meist ein Mordfall steht – so bei *Sakrileg* und *Der Club Dumas* – herrscht von Anfang an Spannung, welche sich über den gesamten Text zieht und erst am Ende des Plots entladen wird, da im Mystery-Genre die zahlreichen Rätsel und komplexen Beziehungsgeflechte erst mit dem Ausgang der Geschichte aufgedeckt werden. Der Leser ist somit an das Buch gefesselt, da er auf die Auflösung wartet. Der intime Leser interessiert sich vorwiegend für Themen, die sein Leben betreffen, weswegen seine Lesemotivation nie nachlässt. Daneben will er seine Fantasie anregen.[29] Dazu das Zitat einer Leserin aus Grafs Umfrage *Konvergenzen der Informations- und Unterhaltungsfunktion des Lesens*:

> „Am liebsten Bücher von Wolfgang und Heike Hohlbein, Fantasy- und Märchengeschichten. Da ist es, als ob man in einer ganz anderen Welt ist, mit in das Land der Feen, Trolle und Träume eintaucht. Solche Bücher können mich fesseln."[30]

Seiner Fantasie kann der intime Leser nicht nur bei fiktionaler Literatur, sondern auch bei Sachbüchern freien Lauf lassen. Da diese Textgattung jedoch keine Rolle für meine Diplomarbeit spielt, gehe ich nicht näher auf sie ein. Anzumerken ist aber, dass sich auch in der Unterhaltungslektüre Informationsanteile finden und die Leser sich für diese im Rahmen der Geschichte interessieren.[31] Hier sei wieder auf Dan Browns Städte- und Gebäudebeschreibungen und auf seine historischen Informationen verwiesen.

---

29 Vgl. Graf, Werner: Der Sinn des Lesens. Modi der literarischen Rezeptionskompetenz. In: Leserforschung. Band 1. - Münster: Lit, 2004. S.49 ff

30 Graf, Werner: Der Sinn des Lesens. Modi der literarischen Rezeptionskompetenz. In: Leserforschung. Band 1. - Münster: Lit, 2004. S. 58

31 Vgl. Graf, Werner: Der Sinn des Lesens. Modi der literarischen Rezeptionskompetenz. In: Leserforschung. Band 1. – Münster: Lit, 2004. S. 68 f

3.2 Lesen als Partizipation

Die drei Hauptmerkmale dieses Lesemodus sind: Versicherung der Aktualität, Medium sozialer Teilnahme und Transfer. Er unterscheidet sich von anderen Lesemodi – insbesondere von dem des intimen Lesens – durch seine Kommunikationsbereitschaft. Der Partizipationsleser will das von ihm Gelesene mit anderen diskutieren, sowohl im privaten, als auch im öffentlichen Bereich. Übereinstimmende Lektürepräferenzen evozieren ein Gefühl der Gemeinsamkeit. Die private Kommunikation spielt hier eine große Rolle für die Lektüreauswahl. Der Leser erhält Literaturempfehlungen von Verwandten, Freunden oder Bekannten, die er im Regelfall auch befolgt. Zum einen, weil die familiäre oder freundschaftliche Bindung zwangfrei ist, und zum anderen, weil der Leser am literarischen Diskurs seiner Peer- Group Teil haben will („literarische Geselligkeit"). Das Lesen erfüllt demnach eine soziale Funktion, da es die Zugehörigkeit zu Gruppen stabilisiert. Jene Gruppe kann in Bezug auf das Textniveau des Lesers eine unterstützende Funktion haben, da er sich durch sie womöglich auch anderen als den bisherigen Literaturgattungen zuwendet. So fördert sie die Lesemotivation. Die Peer- Group bewertet gemeinsam Bücher und oft auch deren Verfilmungen, weshalb auch hier das Mystery-Genre mit seinen erfolgreichen Filmadaptionen gut für eine Erörterung geeignet ist. Finden diese Gespräche regelmäßig statt, wird die Lektüre gelesen, um mitreden zu können und um Bescheid zu wissen. Die Literaturgattung ist deswegen nicht zwingend mit dem Interesse des Lesers gleichzusetzen, sondern kann auch dem Interesse seiner Peer- Group entsprechen, bzw. dem, worüber zurzeit die Gesellschaft diskutiert. Aktualität ist für den Partizipationsleser von großer Bedeutung. Eine Teilnahme am aktuellen öffentlich-literarischen Diskurs erfolgt über Bestsellerlisten oder Buchrezensionen und zeigt sich im Interesse an Neuerscheinungen. Auf die fiktionale Literatur wird dieser Modus aufmerksam durch „Spitzentitel" - Werbung, Medienpräsentation von Neuerscheinungen und durch Sensations- bzw. Skandalberichterstattung um Autorinnen und Autoren,[32] so auch im Falle Dan Browns, der im Zuge seiner Gerichtsverhandlung wegen Plagiats an den Schriftstellern Baigent und Leigh im öffentlichen Rampenlicht stand.[33] Der Partizipationsleser ist auf kein bestimmtes Genre oder Thema festgelegt

---

32 Vgl. Graf, Werner: Der Sinn des Lesens. Modi der literarischen Rezeptionskompetenz. In: Leserforschung. Band 1. - Münster: Lit, 2004. S. 71 ff

33 Dan Brown gewann den Prozess. Der Richter sprach ihn frei mit der Begründung, jeder Schriftsteller werde bei seinen Ideen von anderen Autoren inspiriert.

und liest Sachtexte ebenso wie fiktionale Literatur. Gemein haben sie lediglich das öffentliche Interesse. Ebenso wenig ist er auf ein spezifisches Medium fixiert; er nutzt Printmedien gleichermaßen wie das Fernsehen oder auch das Internet, um sich eine Meinung zu bilden. Auch hier ist die Lesemotivation intrinsischen Ursprungs. Im diesem Lesemodus sind mehr Männer als Frauen zu verzeichnen, was wahrscheinlich an deren freiwilligen Sachtextrezeption liegt. Das letzte Merkmal des Modus Lesen als Partizipation ist der Transfer des Gelesenen in den Alltag, wodurch sich ein weites Wirkungs- und Handlungsfeld ergibt, in dem sich Hobby, psychologische Lebenshilfe und Ratgeber als Schwerpunkte herausbilden. Auch über fiktionale Literatur kann sich der Leser Wissen erwerben.[34] Ein wichtiger Aspekt des Partizipationslesens ist seine Funktion als Statuserwerb, z.B. dem Erwerb literarischer Bildung („Habitus"). So genießt beispielsweise ein Leser klassischer und moderner Literatur hohes Prestige. Der Begriff „Habitus" gehört den so genannten „Leseattitüden" an. Leseattitüden sind „[...] erfahrungsvermittelte Einstellungen, aus denen die Bereitschaft resultiert, auf bestimmte Medienangebote in spezifischer Form zu reagieren."[35] Das heißt, dass sich der Partizipationsleser Bücher auch aufgrund ihrer Stellung innerhalb des gesellschaftlichen Diskurses kauft, um von sich behaupten zu können, das betreffende Buch gelesen zu haben und somit an Ansehen zu gewinnen.

3.3 Interessenorientiertes Konzeptlesen

Der Leser dieses Modus liest sowohl fiktionale, als auch Sachliteratur. In diesem Zusammenhang werde ich jedoch nur auf die fiktionale Literatur eingehen, da nur sie Gegenstand meiner Arbeit ist. Der Konzeptmodus verleiht fiktionalen Texten eine informierende Funktion. Der Konzeptleser will auf angenehme und leichte Weise Wissen erwerben. Er spezialisiert sich meist auf ein bestimmtes Fach- bzw. Interessengebiet. Beliebte Themen sind hierbei fremde Kulturen (geographisch und historisch), „human interest" (Psychologie) und Philoso-

---

[34] Vgl. Graf Werner: Der Sinn des Lesens. Modi der literarischen Rezeptionskompetenz. In: Leserforschung. Band 1. – Münster: Lit, 2004. S. 71 ff

[35] Graf, Werner: Lektüre zwischen Literaturgenuss und Lebenshilfe. Modi des Lesens – eine Systematisierung der qualitativen Befunde zur literarischen Rezeptionskompetenz. In: Schriftenreihe „Lesewelten". Leseverhalten in Deutschland im neuen Jahrtausend. Band 3. - Hamburg: SPIEGEL- Verlag, 2001. S. 202

phie.[36] Vertreten sind auch historische Romane – es ist also auch die Spezialisierung auf ein bestimmtes Genre möglich –, wie z. B. die Aussage einer Leserin aus Grafs Umfrage *Konvergenzen der Informations- und Unterhaltungsfunktion des Lesens* beweist:

> „Was mich bei Büchern jedoch am meisten interessierte, waren Romane mit mittelalterlichem Hintergrund, die aber immer auch etwas Mystisches/Fantasieartiges hatten."[37]

Die Leserin spricht sich hiermit auch für das Mystery-Genre aus. Die Bücher, die in dieser Diplomarbeit behandelt werden, ermöglichen die Verbindung von fiktionaler und Sachliteratur, denn sie geben regelmäßig Rückblicke auf die Historie. *Sakrileg* gibt innerhalb von Gesprächen der Romanfiguren Auskunft über Tatsachen und Dokumente bezüglich der Tempelritter, der Prieure de Sion, Opus Dei und der Legende des Heiligen Grals. Wie beiläufig erhält der Leser zusätzlich detaillierte Städte- und Gebäudebeschreibungen. Im Roman *Der Club Dumas* lernt der Leser Vieles über antiquarische Fachausdrücke und im Rahmen der Schnitzeljagd liest er Ausschnitte aus der Erzählung „Die drei Musketiere" von Alexandre Dumas. Und auch *Das Blut der Templer* wartet mit der Geschichte der Tempelritter und der des Heiligen Grals auf. Der Wissenserwerb wird auf diese Weise nicht als Lernen wahrgenommen, sondern erfolgt im Unterbewusstsein des Lesers. Er nimmt die Informationsaufnahme unmittelbar wahr, denn er liest sie, um das Romangeschehen genau zu verstehen. Unterstützend kommt hinzu, dass die Informationen als Fantasiestoff aufgearbeitet sind. Die Lesemotivation ergibt sich hier also aus dem Interesse an bestimmten kulturellen Themen, über die sich der Leser informieren will; sie ist demnach Wissen orientiert aber gleichzeitig frei von Pflicht.[38]

3.4 Instrumentelles Lesen

Der instrumentelle Leser verfolgt die Informationsgewinnung aus Texten und liest daher aus einer bestimmten Absicht. Er möchte über ein Thema genau Bescheid wissen und betreibt daher gezielte Informationsbeschaffung. Daher surft er zusätzlich im Internet, schlägt Fachausdrücke in einem Lexikon nach oder liest Zeitungs- und Zeitschrif-

---

36 Vgl. Graf, Werner: Der Sinn des Lesens. Modi der literarischen Rezeptionskompetenz. In: Leserforschung. Band 1. - Münster: Lit, 2004. S.96 f

37 Graf, Werner: Der Sinn des Lesens. Modi der literarischen Rezeptionskompetenz. In: Leserforschung. Band 1. - Münster: Lit, 2004. S. 96

38 Vgl. Graf, Werner: Der Sinn des Lesens. Modi der literarischen Rezeptionskompetenz. In: Leserforschung. Band 1. – Münster: Lit, 2004. S. 96 f

tenberichte zu diesem Thema. Der Leser informiert sich nicht aus sachlich neutralen Gründen, sondern weil er Interesse an einem Thema zeigt.[39] Auch wenn in diesem Modus hauptsächlich in Zeitungen gelesen und im Internet gesurft wird, zähle ich den instrumentellen Leser zu den Lesern des Mystery-Genres, denn nach dem Erscheinen von *Sakrileg*, *Der Club Dumas* und *Das Blut der Templer* begaben sich die Leser jeweils auf eine Art Recherchejagd: Plötzlich wurden eine Vielzahl von Sachbüchern zu den Gemälden Da Vincis, den Tempelrittern, der Prieure de Sion, zu Opus Dei, Geheimorden und zu der Legende des Heiligen Grals verkauft. Die Leser wollten sich umfassend zu diesen Themen informieren. Auch die Tourismusbranche machte dadurch Gewinn, denn die begeisterten Leser Dan Browns wollten die so genannte „Schnitzeljagd" des Romans nacherleben. Sie begaben sich auf die Suche nach dem Heiligen Gral, indem sie die im Buch beschriebenen Orte selbst aufsuchten. Nach dem Erscheinen von *Die neun Pforten* – der Verfilmung von *Der Club Dumas* – wurden unzählige Homepages des Films besucht und überall fand man dieselbe Frage: „Gibt es das Buch der ‚Neun Pforten' wirklich?". Hier bildeten sich Interessengruppen der Dämonologie. Somit findet auch hier der Transfer in den Alltag statt.

Die in diesem Kapitel vorgestellten Lesemodi treffen auch auf die Zielgruppe eines Films, also auf die Zuschauer zu. Selbstverständlich erfolgt die Filmrezeption auf eine andere Weise als die Buchrezeption, denn mehrere hundert Seiten eines Buches werden bei seiner Verfilmung auf 90 Minuten – Überlängen sind möglich – verkürzt, wodurch sich das Publikum mit dem Film weniger intensiv befassen kann, die Lektüre kann er dagegen zeitlich individuell gestalten. Trotzdem kann der Zuschauer ebenso wie der intime Leser einen Film aufgrund seines Unterhaltungswertes ansehen, sich dabei durch Empathie mit den Hauptfiguren identifizieren und Spannung und Fantasie zu einem wichtigen Auswahlkriterium machen. Er kann aber auch im Sinne des Partizipationslesers einen Film aufgrund seines gesellschaftlichen Diskurses ansehen und sich bei der Auswahl durch Skandalberichte beeinflussen lassen. Im Falle des interessenorientierten Konzeptlesers schaut sich der Zuschauer einen Film aufgrund seines Informationsgehaltes an und er kann darüber hinaus auch instrumentell handeln, indem er sich über Bücher, Internet, Zeitungen, Zeitschriften oder ähnliches rückwirkend über das Thema des Films informiert.

---

39 Vgl. Graf, Werner: Der Sinn des Lesens. Modi der literarischen Rezeptionskompetenz. In: Leserforschung. Band 1. Münster: Lit, 2004. S. 42 ff

Was beim Leser die Leseerwartung ist, stellt beim Zuschauer der lebensweltliche Erkennungseffekt dar. Die Leseerwartung kann sich auf ein bestimmtes Genre, auf die „Textverständlichkeit“[40] oder auch auf einen vom Autor verwendeten Schreibstil beziehen. Diese Leseerwartung kann bestätigt oder enttäuscht werden.[41] Wird das Buch auf die Leinwand übertragen, erhalten die Figuren Gesichter, deren Gedankengänge können weniger intensiv als im Ausgangsmedium dargestellt werden und der Film – das Zielmedium – erhält möglicherweise neue Motive. Der Film folgt den Strukturen des Plots, wodurch Teile des Buches entfallen können.[42] Daher kann das Filmgenre möglicherweise ein anderes sein als das des Buches. Dennoch hat der Zuschauer gewisse Erwartungen gegenüber einem bestimmten Genre: Tränen im Melodram, Witz bei der Komödie und Spannung beim Thriller.[43] Beim Mystery-Film sind das die Motive der Schatzsuche, Rätsel, eventuell Paranormales und ebenfalls die Spannung. Werden diese Erwartungen erfüllt, spricht man vom so genannten „lebensweltlichen Erkennungseffekt“. Lebenswelt ist ein „[…] Handlungs- und Erfahrungsraum, in dessen Rahmen die handelnden Menschen die Welt interpretieren“.[44] Die Menschen leben in unterschiedlichen Lebenswelten. Soziale Strukturen spielen dabei eine große Rolle, denn sie bestimmen ihr Wissen, ihre Emotionen und ihre Erfahrungen. In den Handlungsleitenden Themen eines Films erkennt ein Zuschauer, bzw. eine Zuschauergruppe ihre Lebenswelt wieder. Je nach Genre wird unterschiedlichen Wert auf die Repräsentation von Lebenswelten gelegt.[45]

---

40 Graf, Werner: Der Sinn des Lesens: Modi der literarischen Rezeptionskompetenz. In: Leserforschung. Band 1. - Münster: Lit, 2004. S. 15

41 Vgl. Graf, Werner: Der Sinn des Lesens: Modi der literarischen Rezeptionskompetenz. In: Leserforschung. Band 1. - Münster: Lit, 2004. S. 28

42 Vgl. Kontext Film. Beiträge zu Film und Literatur / hrsg. von Michael Braun und Werner Kamp. – Berlin: Erich Schmidt, 2006. S. 7 f

43 Vgl. ebd. S. 9

44 Mikos, Lothar: Film- und Fernsehanalyse. - Konstanz: UVK Verlagsgesellschaft, 2003. S. 279

45 Vgl. Mikos, Lothar: Film- und Fernsehanalyse. - Konstanz: UVK Verlagsgesellschaft, 2003. S. 279 ff

III. Sakrileg

1. Der Roman *Sakrileg*

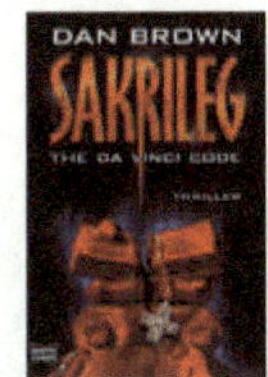

Abbildung 1: Sakrileg

Sakrileg bedeutet Tempelraub; Vergehen, Frevel gegen Personen, Gegenstände, Stätten usw., denen religiöse Verehrung entgegengebracht wird, wie Gotteslästerung und Kirchenschändung.[46]

1.1 Leben und Werk des Autors Dan Brown

Abbildung 2: Dan Brown

Dan Brown wurde am 22. Juni 1964 im US-Bundesstaat New Hampshire, Exeter geboren. Sein Vater Richard Brown ist ein mehrfach ausgezeichneter Mathematikprofessor, seine Mutter Connie Brown Kirchenmusikerin.[47] Zu Weihnachten inszenierte Dan Browns Vater jedes Jahr eine Schatzsuche, bei der Dan Rätsel lösen und Codes knacken musste, um sein Geschenk zu finden. Diese Kindheitserinnerung überträgt er später in seinem Buch *Sakrileg* auf die Figur der Sophie Neveu.[48] Zunächst besuchte er das „Phillips-Exeter-Academy"-

46 Duden [zitiert nach: Gesing, Fritz: Kreativ schreiben für Fortgeschrittene. Geheimnisse des Erfolgs. 1. Aufl. Köln: DuMont, 2006. S. 128]

47 Vgl. Wikipedia: Dan Brown, 15.08.2006. – www.wikipedia.org/wiki/Dan_Brown, 22.08.2006

48 Vgl. Teichmann, Bernd: DER DAN-BROWN-CODE. In: Stern 19(2006), S. 68

Gymnasium. Seinen Abschluss erhielt er dort 1982. Nach einer längeren Reise nach Spanien studierte er am „Amherst College" Englisch und Spanisch, wo er auch im Schulchor tätig war. Nach einigen Semestern unterbrach er sein Studium, um an der Universität von Sevilla zwei Semester lang Kunstgeschichte zu studieren. In diesen beiden Semestern lernte er auch die geheimnisvollen Gemälde Leonardo Da Vincis kennen, die ihn derart faszinierten, dass er sie später zum Thema seines Erfolgsromans *Sakrileg* macht. Nach seinem BA-Abschluss am „Amherst College" versuchte er sich zunächst als Sänger und Songschreiber, wozu er 1991 nach Los Angeles zog. Seinen Lebensunterhalt verdiente er sich jedoch als Spanischlehrer an der „Beverly Hills Preparatory School". Für seine Musikkarriere schloss er sich der „National Academy of Songwriters" an. Hier lernte er auch seine zwölf Jahre ältere Frau Blythe Newlon kennen, die an der Academy die Leiterin der Abteilung für künstlerische Entwicklung war. Browns Debütalbum *Dan Brown* hatte jedoch wenig Erfolg, da er sich weigerte auf der Bühne aufzutreten. 1993 zog er dann mit Newlon zurück nach Exeter, New Hampshire. Hier unterrichtete er nun Englisch an seinem früheren Gymnasium.[49] Im selben Jahr versuchte er sich sodann erstmals als Schriftsteller, indem er das Auflagen niedrige humoristische Band *187 Men to Avoid: A Survival Guide for the Romantically Frustrated Woman (187 Männer, um die Sie einen Bogen machen sollten: Ein Überlebens-Handbuch für die in Liebesdingen hoffnungslos ernüchterte Frau*) unter dem Pseudonym Danielle Brown veröffentlichte. Sein erster Thriller *Digital Fortress* erschien 1996 als e-Book (das bestverkaufte E-Book aller Zeiten), ab 1998 ist er im amerikanischen Buchhandel und 2005 unter dem Titel *Diabolus* auf dem deutschen Buchmarkt erhältlich. Bereits dieses Buch zeigt seine Vorliebe für Symbole und Verschwörungstheorien: Es geht um die Verletzung der Privatsphäre amerikanischer Bürger durch die National Security Agency (NSA). Nach diesem ersten Erfolg gibt er seinen Beruf als Lehrer auf. Sein zweiter Roman *Angels and Demons* erschien 2000 und hielt sich geschlagene 58 Wochen auf der Bestsellerliste der *New York Times*. Auch in Deutschland wurde der Mystery-Thriller 2003 unter dem Titel *Illuminati* ein Bestseller. Dieses Mal verstrickte er den Vatikan und die Freimaurer in eine Verschwörung. Für die Recherchen unternahm er gemeinsam mit seiner Frau Blythe mehrere Bildungsreisen nach Europa. In diesem Buch tritt erstmals sein Protagonist – der Kunsthistoriker und Symbolologe Robert Langdon – auf, der Codes aus der Kirchen- und Kunstgeschichte dechiffrieren

---

49 Vgl. Wikipedia: Dan Brown, 15.08.2006. – www.wikipedia.org/wiki/Dan_Brown, 22.08.2006

muss. Nach dem Durchbruch erschien darauf im selben Jahr *Meteor*. Das Buch wurde bereits 2001 unter dem Titel *Deception Point* in den USA veröffentlicht und handelt wieder von Geheimdienst-Intrigen. Aufbauend auf dem Erfolgskonzept von *Illuminati* erschien in Deutschland sodann 2004 sein bislang erfolgreichster Mystery-Roman: *Sakrileg* (US-Originaltitel von 2003: *The Da Vinci Code*), in den er nun seine Begeisterung für Leonardo Da Vinci einfließen lässt. Auch hier ist die Kirche in die größte Verschwörung in der Geschichte der Menschheit verwickelt, deren Geheimnis der Romanheld Langdon durch Entschlüsseln komplexer Codes lüftet. Der mysteriöse Plot rankt sich um die Mona Lisa, die Legende des Heiligen Grals und die Geschichte der Tempelritter. Wie schon in *Illuminati* setzt sich der Schriftsteller auch hier mit dem Kampf zwischen Kirche und Wissenschaft auseinander. Aufgewachsen in einem Umfeld, das beides vereint, ist dies ein Thema, das ihn intensiv beschäftigt. Seine Frau recherchierte für den Roman die Hintergrundinformationen. Der Thriller erreichte weltweit eine Auflage von 20 Mio. Exemplaren und wurde in über 40 Sprachen übersetzt. Am 18. Mai 2006 erschien die Verfilmung des Megasellers, dessen Titel an das Original anknüpft: *The Da Vinci Code*. Regisseur war Ron Howard.[50] Auch die Filmadaption seines Romans *Illuminati* ist derzeit geplant. Sein nächster Mystery-Thriller *The Solomon Key* soll 2007 erscheinen, in dem wir den Harvard-Professor Langdon wieder auf einer Schnitzeljagd um Geheimbünde begleiten. Im Mittelpunkt der Handlung steht neben den Freimaurern und der US-Regierung dieses Mal der Exorzismus und macht somit Luzifer höchstpersönlich zum Protagonisten.[51] In einem Interview äußert sich der Autor zu dem Buch:

> „Es ist eine thematische Fortsetzung von SAKRILEG, in der Langdon zum ersten Mal in ein geheimnisvolles Geschehen auf heimischem amerikanischem Boden verwickelt ist. Der neue Roman beschäftigt sich mit der verborgenen Geschichte unserer amerikanischen Bundeshauptstadt."[52]

Heute lebt Dan Brown mit seiner Frau Blythe, Malerin und Kunsthistorikerin, in New Hampshire.[53]

---

50 Vgl. Munzinger Archiv: Dan Brown. – 2005, CD-ROM. 24.07.2006

51 Vgl. Aufgefallen: Buchmenschen im Blickpunkt. In: buchreport.express 30 (27.07.2006), S.37

52 Dan Brown [zitiert nach: Wikipedia: Dan Brown, 15.08.2006. www.wikipedia.org/wiki/Dan_Brown, 22.08.2006]

53 Vgl. Munzinger Archiv: Dan Brown. – 2005, CD-ROM. 24.07.2006

1.2 Interpretation

1.2.1 Inhaltsabriss

Im Prolog des Romans erschießt der Albino Silas Jacques Saunière in der Grand Galerie des Louvre. Saunière war Großmeister der geheimen Bruderschaft „Prieuré de Sion" und Museumsdirektor des Louvre. Zuvor entlockt er ihm jedoch ein Geheimnis: den Aufbewahrungsort eines so genannten Schlusssteins, der den Weg zum Heiligen Gral weist. Die Antwort ist jedoch eine Lüge, die dem Hünen ebenfalls von den anderen drei ermordeten Seneschallen des Geheimbundes erzählt wurde. Da der Schuss Saunière in den Magen trifft, hat er fünfzehn Minuten Zeit, um das Geheimnis weiter zu reichen, bevor es für immer verloren ist.

Kurze Zeit später wird Robert Langdon – Professor für religiöse Symbolologie an der Harvard-Universität –, der aufgrund eines Vortrags gerade im Hotel Ritz in Paris wohnt, vom Leutnant der französischen Staatspolizei geweckt. Langdon soll dem Capitaine Bezu Fache angeblich bei der Ermittlung helfen, da der Verstorbene eine verschlüsselte Botschaft hinterlassen hat. In Wahrheit stellt dies jedoch ein Verhör dar, denn für die Polizei ist Langdon der Hauptverdächtige. Robert wird jedoch von der Kryptologin Sophie Neveu gewarnt. Sie ist die Enkeltochter von Saunière und hatte aufgrund eines Zwischenfalls bereits seit zehn Jahren keinen Kontakt mehr mit ihm. Im Alter von vier Jahren verlor Sophie ihre Eltern und ihren Bruder bei einem Autounfall. Sie wuchs bei ihrem Großvater auf, der sie lehrte komplizierte Codes und Rätsel zu entschlüsseln. Durch das Entschlüsseln zweier Anagramme finden Sophie und Langdon einen Schlüssel, der sie zur Zürcher Depositenbank führt. Durch ein Ablenkungsmanöver verhilft Agentin Neveu Langdon zur Flucht. Verfolgt von der Polizei fahren die beiden mit Sophies Auto zur Bank. In Saunières Depot finden sie eine hölzerne Schatzkiste. Im Inneren der Schatulle finden sie ein Kryptex vor, eine Art Minitresor zur Aufbewahrung von Geheiminformationen auf Papyrus. Saunière hat es nach Da Vincis Konstruktionsplänen nachgebaut. Es lässt sich nur mit Hilfe eines fünfstelligen Passwortes öffnen.

In der Zwischenzeit sucht Silas die Kirche Saint-Sulpice auf, um den angeblich dort versteckten Schlussstein zu bergen. Als sich herausstellt, dass er betrogen wurde, teilt er dem „Lehrer" seinen Misserfolg mit, der ihn auf Langdons und Sophies Fährte führt. „Der Lehrer" ist ein Unbekannter, der die Zerschlagung der Prieuré de Sion und die Suche nach dem Schlussstein in die Wege geleitet hat. Er steht in regelmäßigem Kontakt mit Silas und mit dessen Mentor Bischof Aringarosa.

Im Château Villette von Sir Leigh Teabing, ein vermögender Gralsforscher und Bekannter von Langdon, finden die beiden Flüchtigen Unterschlupf. Robert und der an Krücken gehende Ritter weihen Sophie in das Gralsgeheimnis ein: Jesus Christus war in Wahrheit ein sterblicher Mensch. Erst Kaiser Konstantin der Große hat ihn zum Sohn Gottes gemacht, als er im Zuge der Auseinandersetzungen zwischen den Heiden und den Christen das Christentum zur Staatsreligion erklärte. Er suchte für die Bibel ausschließlich diejenigen Evangelien aus, die Jesus als Sohn Gottes und nicht als Sterblichen darstellen: Matthäus, Markus, Lukas und Johannes. Als normal Sterblicher lebte Christus keineswegs im Zölibat: Er war mit Maria Magdalena verheiratet und wollte, dass sie seine Kirche weiterführt. Petrus war damit jedoch nicht einverstanden und trachtete ihr nach dem Leben. Zum Zeitpunkt Jesu Kreuzigung war Maria von ihm schwanger. Zum Schutz ihres ungeborenen Kindes floh sie nach Frankreich, wo sie ihre Tochter Sarah gebar. So wurde Jesu Nachkommenschaft von den Merowingern bis heute fortgeführt. Der Heilige Gral besteht aus den Sangreal-Dokumenten, die den Stammbaum Jesu zurückverfolgen, einem Tagebuch Maria Magdalenas und deren Gebeine. Dieser Schatz und die Nachkommenschaft Jesu wurden von den Tempelrittern beschützt. Als die Templer 1307 vernichtet wurden, übernahm die Prieuré de Sion – die Gründer der Tempelritter – diese Aufgabe. In zahlreichen Werken der Kunst, so auch in Leonardo Da Vincis „Das letzte Abendmahl", sind Hinweise auf dieses Geheimnis enthalten. Da Vinci war ein Mitglied der Prieuré und hat auf diesem Gemälde Maria als Ehefrau von Jesus dargestellt. Die Kirche ist seit Jahrhunderten auf der Suche nach dem Heiligen Gral, um ihn zu vernichten, da seine Veröffentlichung der Kirche die Grundlage entziehen würde.

Mittlerweile hat die Polizei vor dem Château Stellung bezogen. Als Langdon unter der Einlegearbeit des Rosenholzkästchens eine Geheimschrift entdeckt, wird er plötzlich von Silas niedergeschlagen. Teabing und Sophie bezwingen ihn. Als bei dem Kampf ein Schuss fällt, rückt die Polizei an. Durch einen Trick können die Drei gemeinsam mit Teabings Butler Rémy Legaludec und Silas als Geisel entkommen. Mit Teabings Privatjet fliegen sie nach London. Auf dem Flug entschlüsseln sie die Geheimschrift und erhalten somit das Passwort für das Kryptex, in welchem sich ein zweites, kleineres Kryptex und eine Schriftrolle mit einem rätselhaften Vierzeiler, der eindeutig auf London verweist, befinden. Ihr nächstes Ziel ist die Temple Church in London, in der sie den Hinweis für das Passwort des zweiten Kryptexes vermuten. Während Teabing und seine Begleiter in der Kirche feststellen müssen, dass sie am falschen Ort suchen, befreit Rémy den gefesselten Silas aus dem Kofferraum. Die beiden überfallen sie aus dem Hinterhalt, stehlen das Kryptex und nehmen Teabing als Geisel mit. Rémy setzt Silas in einem Londoner Ordenshaus von Opus Dei ab, wo dieser kurze Zeit später von der Polizei überrascht wird. Bei seiner Flucht erschießt er unabsichtlich Bischof Aringarosa, der ihm zu Hilfe eilen wollte, und wird selbst getroffen. Verwundet trägt er seinen Mentor in ein Krankenhaus, der wie durch ein Wunder überlebt. Er selbst begibt sich in Kensington Gardens, um dort einsam zu sterben. Rémy trifft sich mit dem „Lehrer" im St. James's Park. Da er gegen den Willen seines Gebieters sein Gesicht vor Langdon und Sophie gezeigt hat, ermordet der „Lehrer" ihn durch Auslösen eines allergischen Schocks. Danach begibt er sich, ebenso wie Robert und Agentin Neveu, zum Westminster Abbey, wo Sir Isaac Newton begraben ist. Auf dem Grab des ehemaligen Mitglieds der Prieuré soll sich der Hinweis für das Passwort befinden. Durch einen Trick lockt Teabing, alias „der Lehrer", Langdon und seine Begleiterin in das abgelegene Kapitelhaus im Westminster Abbey. Die beiden erfahren nun die ganze Wahrheit: Aringarosa – der Prälat der konservativen katholischen Organisation Opus Dei, die eine Personalprälatur des Papstes ist – hat vor fünf Monaten erfahren, dass Opus Dei wieder eine eigenständige religiöse Einrichtung werden sollte. Als Abfindung wurde ihm die Geldsumme erstattet, mit der Opus Dei 1982 die Vatikanbank unterstützt hatte. „Der Lehrer" lockte den Bischof mit dem Angebot, Opus Dei würde mit dem Aufspüren des Schlusssteins wieder zu einer mächtigen Organisation werden. Als Gegenleistung sollte er dem „Lehrer" die Abfindung überlassen. Teabing hatte Rémy den Museumsdirektor über einen langen Zeitraum abhören lassen und so seine geheime Identität herausgefunden. Als ihm klar wurde, dass Saunière vorerst nicht beabsichtige, den Heiligen Gral der Öffentlichkeit zugänglich zu machen, beschloss er, die Angelegenheit selbst in die Hand zu nehmen. Leigh gab Silas den Auftrag, Saunière und seine drei Seneschalle zu töten und ihnen das Geheimnis zu entlocken. Robert und Sophie sollten Teabing bei der Suche nach dem Heiligen Gral helfen.

Langdon kennt bereits das Passwort und besitzt die letzte Schriftrolle. Er und die Kryptologin können den Besessenen überwältigen. Kurz darauf nehmen Fache und die britische Polizei Teabing fest. Der letzte Vierzeiler führt Robert und Sophie in die Rosslyn Chapel in Edinburgh, eine schottische Kirche, die von den Tempelrittern errichtet wurde. Im Pfarrhaus neben der Kapelle trifft Sophie auf ihre tot geglaubte Großmutter Marie Chauvel und ihren Bruder. Ihre Eltern waren merowingischer Abstammung und somit direkte Nachfahren von Maria Magdalena und Jesus Christus. Sophie und ihr Bruder standen unter dem Schutz der Prieuré de Sion. Als ihre Eltern bei einem Unfall mit ungeklärter Ursache ums Leben kamen, befürchtete die Bruderschaft die Identität des Königsgeschlechts könnte aufgedeckt worden sein. Um die Kinder zu schützen, erklärte Saunière der Polizei, die Großmutter und der Bruder wären ebenfalls ums Leben gekommen. Jacques und Sophie lebten gemeinsam in Paris, die Großmutter und Sophies Bruder tauchten hier in diesem Pfarrhaus unter. Endlich ist die Familie wieder vereint. Die Prieuré hatte nie vor, das Geheimnis des Heiligen Grals zu lüften. Er befand sich einst an diesem Ort, hat mittlerweile jedoch ein anderes Versteck. Bevor Langdon wieder in sein Hotel in Paris zurückkehrt, werden er und Sophie ein Liebespaar.

Im Epilog des Mystery-Romans erkennt Langdon in seinem Pariser Hotelzimmer die Lösung des Rätsels: Der Heilige Gral befindet sich unter der Pyramide Inversée, die den Vorplatz des Louvre schmückt.

1.2.2 Struktur und Erzählperspektive

Der Roman ist 607 Seiten lang. Die 105 Kapitel sind in einen Prolog und einen Epilog eingebettet. Diese hohe Kapitelanzahl ergibt sich aus der Kürze der einzelnen Kapitel, welche jeweils immer nur wenige Seiten umfassen und somit mehrere kurze Szenen aneinanderreihen. Jedes Kapitel ist mit einem Symbol versehen. Insgesamt gibt es fünf Symbole. Sie haben eine wichtige Funktion innerhalb des Romans und werden immer wieder erwähnt.[54] Am Anfang des Buches befindet sich ein Stadtplan von Paris und am Ende des Buches ein Stadtplan von London, auf denen jeweils die wichtigen Stationen des Romans eingezeichnet sind. Dem Beginn der Handlung ist ein Text mit der Überschrift „Fakten und Tatsachen“ vorangestellt, der den Wahrheitsgehalt von Dan Browns Gemälden, Dokumenten und Gebäuden belegt. Die Handlung wird dem Leser aus der Perspektive eines personalen Er-Erzählers vermittelt, wodurch er das Gefühl hat, die Geschichte unmittelbar nach zu erleben. Die Perspektive ist jedoch nicht ausschließlich an den Protagonisten Robert Langdon gebunden, sondern wechselt zwischen den einzelnen Kapiteln, teilweise sogar zwischen einzelnen Abschnitten, zu anderen zentralen Figuren. Durch diese multiperspek-

---

[54] Meine Ausführungen stützen sich auf die Taschenbuchausgabe. In der illustrierten Ausgabe existieren diese Symbole am Kapitelanfang nicht. Dafür sind jedoch alle Gebäude, Symbole und Gemälde als Fotographie abgebildet.

tivische Erzählhaltung, auch „hot narrative" genannt, verfolgt der Leser das Geschehen aus verschiedenen Blickwinkeln und hat dadurch an manchen Stellen einen Informationsvorsprung vor dem Helden, z.B. als sich Silas vor dem Château befindet und der Leser weiß, dass sich Langdon, Sophie und Teabing in Gefahr befinden.[55] Des Öfteren wird ein und dieselbe Szene aus verschiedenen Perspektiven erzählt, um den Leser zuerst auf eine falsche Fährte zu locken, indem er das Geschehen aus der Sicht des Getäuschten liest, und um danach das Täuschungsmanöver aus anderer Sicht aufzudecken. Dabei wird die Vorgehensweise nachträglich rekonstruiert, so z.B. auch bei Langdons und Sophies Täuschungsmanöver um aus dem Louvre zu flüchten.[56] Dieses stilistische Mittel wird auch eingesetzt, um den Leser an der Gefühlswelt aller beteiligten Personen einer Situation teilhaben zu lassen. Die Art der Spannung, die durch den Informationsvorsprung erzeugt wird, ist die des Suspense. Gleichzeitig unterliegt der Leser aber auch einem für den Thriller so typischen Informationsdefizit, da der Erzähler uns im Verlauf des Plots nur Häppchen weise das gesamte Wissen aller Figuren und deren Rolle innerhalb des Plots zuteil werden lässt, wodurch es zahlreiche Verdächtige gibt. Dem Leser werden also mit Absicht Informationen vorenthalten. So ist auch die Entlarvung Teabings als „der Lehrer" am Ende der Erzählung für den Leser überraschend, obwohl er ihn die ganze Zeit über begleitet und glaubt, ihn durch die Schilderung seiner Gedankengänge zu kennen. Das Informationsdefizit findet auch für kurze Momente Anwendung, wenn z.B. Langdon schon die Lösung des Rätsels kennt, der Leser jedoch noch nicht. Nur wenige Zeilen später wird auch dem Leser die Lösung mitgeteilt.[57] So entsteht für kurze Zeit Spannung. Mit dem Perspektivenwechsel geht meistens auch ein Ortswechsel einher. Die Erzählzeit deckt sich mit der erzählten Zeit, da das Buch von Dialogen lebt. Trotzdem findet eine Zeitdehnung statt: Der Zeitraum der 607 Seiten umfassenden Handlung umfasst zwei Tage (mit Ausnahme des Epilogs, der sich einige Tage nach den Ereignissen abspielt), eine Szene überstreckt sich oft über mehrere Kapitel.

---

55 Vgl. Brown, Dan: Sakrileg. The Da Vinci Code. 1. Aufl. Bergisch Gladbach: Lübbe, 2006. S. 333

56 Vgl. ebd. S. 123

57 Vgl. ebd. S. 436

1.2.3 Hauptthemen und Motive

1.2.3.1 Geheimbünde

Sakrileg behandelt drei verschiedene Geheimbünde. Deren Darstellung im Roman ist hier jeweils ein historischer Abriss vorangestellt, um einen Vergleich zu den Fakten herzustellen.

Die Tempelritter und der Heilige Gral

Der volle Name des militärisch-religiösen Templerordens war „Arme Ritterschaft Christi vom Salomonischen Tempel" und wurde 1118 in Jerusalem zum Schutz der Pilger gegründet.[58] Vor dem Papst legten sie das dreifache Gelübde der Armut, der Keuschheit und des Gehorsams ab. Das Ordenssiegel zeigte ein Pferd mit zwei Rittern auf dem Rücken als Zeichen der Armut und Brüderlichkeit und ist gleichzeitig Ausdruck von Dualität. Das Oberhaupt des Ordens war der Großmeister, der von einem Rat gewählt wurde. Des Weiteren gab es einen Großpräzeptor für jede Provinz, einen Kaplan, Ritter- und Knappengrade. Die inneren Angelegenheiten und Riten der Templer wurden geheim gehalten.[59] Ihre Kennzeichen waren ein rotes Tatzenkreuz, ein schwarzweißer Banner, weiße Mäntel und ihre langen Bärte. Der erste Großmeister des Ordens war Hugo de Payens. Der Orden bestand zunächst nur aus ihm und weiteren acht Rittern. Balduin II. räumte ihnen ein Wohnrecht in einem Gebäude neben dem Salomonischen Tempel ein, weswegen des Öfteren vermutet wird, dass ihre wahre Aufgabe das Hüten des Salomonischen Schatzes, bzw. des Heiligen Grals war. Bald darauf erhielten sie ein Mönchsstatut. Ab 1128 weitete sich der Orden ungewöhnlich schnell aus: Er erhielt zahlreiche neue Mitglieder, die auch politisch tätig waren, Schenkungen in Form von Geldern und Gütern und besaß Ländereien in halb Europa – „Provinzen" genannt –, in denen sie ihre Ordenshäuer errichteten. Dennoch war Jerusalem – das Heilige Land – ihr Hauptbetätigungsfeld. Mitte des 12. Jahrhunderts war der Orden, abgesehen vom Papsttum, die reichste und mächtigste Institution der Christenheit. Die Tempelritter waren von der Steuer und vom Zoll befreit, zogen jedoch selbst Zinsen für die Krone ein. Sie besaßen eine eigene Gesetzgebung, eigene Gerichtshöfe, Märkte und Messen und gründeten eigene Städte. Durch den regelmäßigen

---

[58] Vgl. Baigent, Michael; Leigh, Richard: Der Tempel und die Loge. Das geheime Erbe der Templer in der Freimaurerei. Bergisch Gladbach: Lübbe, 1990. S. 61

[59] Vgl. Nardini, Bruno: Das Handbuch der Mysterien und Geheimlehren. Goldmann, 1990. S. 172 ff

Export ihrer hergestellten Wolle besaßen sie auch eigene Flotten. Die Templer erfanden den bargeldlosen Verkehr und somit das moderne Bankwesen, indem sie Kreditbriefe einführten, die in jedem Land auf der Welt in den Tempeln eingelöst werden konnten.[60] Am Freitag, den 13. Oktober 1307 wurden auf Befehl von Philipp IV. von Frankreich alle Templer in seinem Herrschaftsbereich verhaftet und ihre Güter eingezogen. Der Schatz der Templer – der Heilige Gral –, den Philipp mit dieser Aktion in seinen Besitz bringen wollte, blieb jedoch verschollen. Die Tempelritter müssen gewarnt worden sein, da der Großmeister viele Dokumente des Ordens vor der Verhaftung verbrennen ließ und angeblich einige Flüchtige mit Truhen in See stachen. In den folgenden sieben Jahren herrschte die Inquisition, bei der tausende Tempelritter in ganz Europa gefangen genommen wurden, um sie dann zu verhören, zu foltern, sie wegen Ketzerei zu verurteilen und schließlich hinzurichten. Sie hätten in rituellen Handlungen ein Götzenbild namens „Baphomet" angebetet und wären homosexuell. Diese Anschuldigungen wurden nie bewiesen. Am 22. März 1312 wurde der Templerorden offiziell vom Papst aufgelöst. 1314 wurde der letzte Großmeister, Jacques de Molay, auf dem Scheiterhaufen verbrannt. Einige Templer konnten jedoch fliehen und schlossen sich anderen Orden an.[61] Außerdem wurden einige neutemplerische Orden gegründet, darunter auch die Schottische Garde, aus der später die Freimaurerei mit ihrem Logensystem und ihren zahlreichen berühmten Köpfen diverser Fachgebiete entstand.[62] Als Hüter eines Schatzes und als Bewahrer eines geheimen Wissens ranken sich auch nach der Zerschlagung des Templerordens Mythen und Legenden um die Ritter.[63] Bevor der Heilige Gral seine christliche Bedeutung als Abendmahlskelch oder als Gefäß erhielt, in dem Josef von Arimathäa Jesu Blut bei der Kreuzigung auffing, gab es keltische Gedichte und Erzählungen über ihn als magischen Kelch, der Unsterblichkeit verleiht, als magische Eigenschaft oder als Schloss, das von einem kranken König bewohnt wird. Das erste Gralsepos erschien bereits Ende des 12. Jahrhunderts: Chrétien de Troyes *Le Conte du Graal* (*Die Erzählung vom Gral*). Ein Vier-

---

60 Vgl. Baigent, Michael; Leigh, Richard: Der Tempel und die Loge. Das geheime Erbe der Templer in der Freimaurerei. Bergisch Gladbach: Lübbe, 1990. S. 61 ff

61 Vgl. ebd. S. 71 ff

62 Vgl. ebd. S. 115 ff

63 Vgl. ebd. S. 59

teljahrhundert später zwischen 1195 und 1219 stellte Wolfram von Eschenbach in seinem Epos *Parzival* die Templer als Hüter des Heiligen Grals dar.[64]

Die Prieuré de Sion

Die geheime Bruderschaft „Prieuré de Sion" existiert seit 1099/1100 und hat angeblich den Templerorden gegründet. Aus den Mitgliedern des Stammes Benjamin, die von Palästina nach Nordeuropa umsiedelten, entwickelten sich im fünften Jahrhundert die Merowinger. Gottfried von Bouillon, ein direkter Nachfahre der französischen Merowinger, kehrte nach Jerusalem zurück, wo er christlicher König wurde. Zu seiner Unterstützung und zum Schutz der Merowinger gründete er den Orden von Zion – später „Prieuré de Sion" genannt –, dem er die Abtei „Notre Dame du Mont de Sion" auf dem Berg Zion bauen ließ. Dem Orden gehörten auch Ritter an: die „Chevaliers de l'Ordre de Notre Dame de Sion". Der Orden besaß in einigen europäischen Ländern Besitztümer. Hugo de Payens war nicht nur der erste Großmeister der Tempelritter, sondern zugleich auch der Prior von Zion. Im Jahre 1188 trennten sich die Wege der beiden Orden, wodurch die Prieuré zwar an Macht einbüßte, jedoch dem Vernichtungsschlag von 1307 entging.[65] Über die Existenz der Bruderschaft ist man sich jedoch nicht einig. Manche behaupten, es hätte sie nie gegeben, andere Quellen wiederum belegen, dass der Bund 1955/56 von Pierre Plantard gegründet wurde und lediglich zwölf Monate bestand. 1975 erschien eine Liste mit den Namen der Großmeister dieses Geheimbundes.[66] Seit rund vierzig Jahren wird in der Pariser Nationalbibliothek ein als echt eingestuftes Dokument aufbewahrt, welches belegt, dass u. a. Leonardo Da Vinci und Sir Isaac Newton Großmeister der Sion-Bruderschaft waren.[67]

Die Prieuré de Sion, die Tempelritter und der Heilige Gral im Roman

Dan Brown stützt sich bei der Entstehungsgeschichte der Prieuré de Sion (Bruderschaft von Sion) auf historische Tatsachen (s. o.). Der Merowinger Gottfried von Bouillon hat sie nach Brown jedoch zu einem

---

64 Vgl. ebd. S. 101 ff

65 Vgl. Hauf Monika: Der Mythos der Templer. Düsseldorf: Walter, 1995. S. 253 ff

66 Vgl. Diedrich, Holger: Zehn Wahrheiten über Dan Browns SAKRILEG. In: Welt der Wunder 5(2006), S. 92

67 Vgl. Platzeck, Wolfgang: Die Mona Lisa birgt mehr als ein Geheimnis. In: Westdeutsche Allgemeine Zeitung. Nr. 138 vom 16.06.2004

anderen Zweck gegründet, nämlich zum Schutz des Heiligen Grals, der sich unter dem Tempelberg befindet. Der Heilige Gral stellt in dem Mystery-Roman keinen Kelch dar, sondern ein Geheimnis immaterieller Natur: der Sarkophag Maria Magdalenas und Dokumente, die beweisen, dass Jesus ein normal Sterblicher war und mit Maria Familie hatte. Jesu Nachkommenschaft setzte sich fort. Aus ihnen gingen die Merowinger hervor. Dan Brown greift die These auf, das Wort „Heiliger Gral" stamme vom französischen Wort „Sangraal" ab, das sich zu „Sangreal" und schließlich zu „Sang Real" entwickelte, was übersetzt bedeutet: „Königliches Blut". Als Kelch wäre der Gral nur durch das Symbol für Weiblichkeit bekannt geworden. Da jedoch auch die Kirche Interesse an dem Schatz zeigte, um ihn zu zerstören, gründete die Bruderschaft eine militärische Gruppierung: die Tempelritter. Diese sollten den Schatz aus dem Tempel Salomons bergen und beschützen. Ihre Funktion als Beschützer der Pilger, sei nur Tarnung gewesen, ihren unerklärlichen Reichtum hätten sie dem Heiligen Gral zu verdanken, den sie nach Europa brachten, wo ihn die Prieuré nach der Zerschlagung des Templerordens zur sicheren Aufbewahrung mehrmals an einen anderen Ort bringen musste. Auch bei den Tempelrittern hält sich der Autor an die geschichtlichen Fakten.[68] Die Prieuré wahrt nun schon seit Jahrhunderten das Geheimnis des Heiligen Grals und beschützt seine Nachkommen, darunter auch Sophie. Wenn die Zeit reif dafür ist, will die Bruderschaft die Dokumente veröffentlichen. Ihre Führungsebene besteht aus einem Großmeister – Jacques Saunière – und drei Seneschallen. Diese vier Personen, deren Amt auf Lebenszeit gilt, sind die einzigen Mitglieder, die den geheimen Aufbewahrungsort kennen. Dieses System entspricht den in Kapitel II. 2. beschriebenen Initiierungsgraden. Um in die obersten Ränge zu gelangen, muss sich ein Mitglied Jahrzehnte lang als vertrauenswürdig erweisen und eine Prüfung ablegen, um des Amtes würdig zu sein.[69] Ihre Mitglieder sind alle einflussreiche, in der Öffentlichkeit angesehene Personen – meistens Künstler – aus ganz Europa, deren Identität geheim gehalten wird. Der Orden hat heute seinen Sitz in Frankreich. Bereits in seiner Anfangszeit bestanden die Ordensmitglieder und Großmeister aus berühmten Persönlichkeiten, wie Sir Isaac Newton und Leonardo Da Vinci, der von 1510 bis 1519 das Amt des Großmeisters inne hatte und von dem auch die Konstruktionspläne für das Kryptex stammen, das Saunière nachgebaut hat. Außerdem hat der Maler in zahlreichen Ge-

68 Vgl. Brown, Dan: Sakrileg. The Da Vinci Code. 1. Aufl. Bergisch Gladbach: Lübbe, 2006. S. 220 ff

69 Vgl. ebd. S. 237

mälden das Geheimnis verschlüsselt dargestellt.[70] Bei der Angabe der Mitglieder beruft sich Brown auf die „Dossiers Secrets" in der Pariser Nationalbibliothek.[71] Der Geheimbund verehrt das göttlich Weibliche und huldigt ihm in heidnischen Fruchtbarkeitskulten. Bei diesen spirituellen Sexualriten trifft sich die Bruderschaft in Saunières Ferienhaus in der Normandie in einem geheimen Keller, der mit Fackeln ausgeleuchtet ist. Alle Anwesenden tragen Gesichtsmasken, die Frauen tragen weiße Gewänder, goldene Pantoffeln und einen goldenen Ball, die Männer schwarze Roben und schwarze Pantoffeln. Der Akt des „hieros Gamos" („heilige Hochzeit"), der auf einem Altar durchgeführt wird, wird von dem monotonen Chorgesang der Mitglieder begleitet.[72] Der Bund ist bekannt für seine effiziente Geheimhaltungstechnik: Wenn die Identität eines Bruders auffliegt, setzt er mit einem Lügenkonstrukt ein System in Bewegung, das die anderen Mitglieder warnt.[73] Die Bruderschaft hat erst vor einigen Jahrzehnten einen Wegweiser zum Heiligen Gral – den „clef de voûte" – geschaffen, von dem man sagt, er befinde sich „unter dem Zeichen der Rose".[74] Dieser Schlussstein ist in einem Depot der Zürcher Depositenbank mit Sitz in Paris sichergestellt. Auf dem goldenen Schlüssel des Depots befindet sich das Wappen der Geheimgesellschaft: eine Lilie in Verbindung mit den Initialen „P. S." für „Prieuré de Sion".[75] Eine fünfblättrige Rose ist das Symbol des Ordens für den Heiligen Gral.[76] Die Prieuré benutzt eine Geheimsprache, die zahlreiche Symbole, Codes und Da Vincis Spiegelschrift auf Englisch beinhaltet.[77] Einer der ältesten Bestimmungen der Prieuré ist es, den Gral wieder nach Frankreich zu bringen. Diese Aufgabe hat Saunière erfüllt. Der Heilige Gral ruht nun unter der Pyramide Inversée des Louvre. Auch mit der Ermordung der Führungsebene wurde die Bruderschaft nicht zerstört. Diese Geheimgesellschaft ist ein friedfertiger Orden, der keine bösen Absichten hegt, ganz im Gegensatz zu Opus Dei.

---

70 Vgl. ebd. S. 159 f

71 Vgl. ebd. S. 286 f

72 Vgl. ebd. S. 194 ff

73 Vgl. ebd. S. 189

74 Vgl. ebd. S. 150

75 Vgl. ebd. S. 158

76 Vgl. ebd. S. 264

77 Vgl. ebd. S. 582 ff

Opus Dei

Die konservative katholische Organisation „Opus Dei" („Werk Gottes") wurde 1928 von dem spanischen Priester Josemaria Escrivá de Balaguer in Madrid gegründet.[78] In ihren Anfängen bestand sie aus studentischen Laien, die von Escrivá spirituell unterwiesen wurden. Als sie an Mitgliedern gewann, wurde sie im Stile einer großen Familie geführt, innerhalb derer es keinerlei Geheimnisse gab, und viele Laien wurden zu Priestern. 1934 stellte Escrivá eine Glaubensmaxime mit Namen „El Camino" („Der Weg") auf, die er 1939 erneuerte und an die sich auch heute noch alle Opus-Dei-Mitglieder halten. 1936 wurden auch Frauen in die Organisation aufgenommen, die jedoch in ihrer Rolle als Dienerinnen minderwertig betrachtet wurden und immer noch werden. Auch die Opus-Dei-Mitglieder legen bei ihrer feierlichen Aufnahme einen dreifachen Schwur auf Armut, Keuschheit und Gehorsam gegenüber ihren Vorgesetzten ab.[79] Viele von ihnen wurden Professoren und infiltrierten das spanische Universitätswesen. Später besaß der Orden eine große Anzahl eigener Universitäten mit zugehörigen Wohnheimen auf der ganzen Welt. Auch die Organisation selbst etablierte sich weltweit.[80] Als Escrivá 1975 starb, wurde Alvaro de Portillo sein Nachfolger.[81] Seit 1982 existiert Opus Dei als Personalprälatur des Papstes. Die Personalprälatur ist eine vom Zweiten Vatikanischen Konzil eingeführte Struktur, die ein Bistum ohne Land darstellt und dem Papst direkt unterstellt ist. Seit 1994 steht an der Spitze der Organisation Bischof Javier Echevaria als Prälat. Das Amt gilt auf Lebenszeit. Opus Dei hält ansonsten die Namen seiner Mitglieder geheim und auch ihre Finanz- und Organisationsstruktur ist undurchsichtig. Außerdem zeugt ihr Image von Frauenfeindlichkeit und von der Nähe zu faschistischen Diktaturen. Der höchste Grad in der Hierarchie der Institution besteht aus den Numerariern – Priester und Laien, die sich dem Zölibat verpflichten und im Zentrum leben. Sie sind es auch, welche die Selbstkasteiung nach dem Vorbild ihres Gründers mit dem Bußgürtel und der Bußgeisel ausüben. Danach folgen die Supernumerarier – Mitglieder, die nicht im Zentrum, sondern zu Hause leben – und danach die Hilfsnumerarier, welche die Numerarier versorgen und in den Zentren niedere Dienste übernehmen. Die Organisation zählt

---

78 Vgl. Walsh, Michael: Die geheime Welt des Opus Die. Macht und Einfluss einer Organisation im Schatten der Kirche. Deutsche Erstausgabe. München: Heyne, 1992. S. 29 f

79 Vgl. ebd. S. 38 ff

80 Vgl. ebd. S. 73 ff

81 Vgl. ebd. S. 85

85000 Mitglieder in über 60 Ländern, von denen ca. 1850 Priester sind. Der deutsche Sitz von Opus Dei befindet sich in Köln und zählt etwa 600 Mitglieder in Deutschland.[82] Ihre Zentrale befindet sich in 243 Lexington Avenue in Manhattan, New York. In diesem Gebäude leben sechzig Männer und Frauen mit den unterschiedlichsten Berufen: Lehrer, Handwerker, Krankenschwestern und einige, die für den Orden arbeiten. Da die Mitglieder regelmäßige Abgaben an Opus Dei leisten müssen, übereignen sie der Organisation den Großteil ihres Gehalts. Weil es ein Laienorden ist, gibt es keine Mönche oder Nonnen. Die Aufgabe der Opus-Dei-Angehörigen ist es, Gottes Werk ins tägliche Leben einzubringen und die Evangelien nach zu leben. Es ist die weltgrößte christliche Organisation, der viele einflussreiche Mitglieder angehören. Der Orden bemüht sich stets neue Mitglieder zu gewinnen und macht Aussteigern das Leben schwer, einer der vielen Gründe, weshalb sie oft als Sekte betrachtet wird. Eine Aussteigerin hat mittlerweile eine Organisation gegründet, die Opus Dei überwacht.[83] Papst Johannes Paul II. ließ im Oktober 2002 den Gründer nur 27 Jahre nach dessen Tod heilig sprechen. Benedikt XVI. trägt den Ehrendoktorhut der spanischen Opus-Dei-Universität.[84]

Opus Dei im Roman

Auch Escrivá[85] und seine Heiligsprechung[86] werden im Zusammenhang eines kurzen Geschichtsabrisses von Dan Brown erwähnt. Der Prälat des konservativen Ordens im Roman – Bischof Aringarosa – tritt erstmals in der von ihm errichteten New Yorker Opus-Dei-Zentrale auf. Auch hier hält sich der Schriftsteller an die historischen Fakten, wenn er die Funktion von Opus Dei als Personalprälatur des Papstes und „den Weg" erklärt. Er betont an dieser Stelle auch das weltweite Beziehungsnetz der Organisation. In einem Rückblick Aringarosas auf ein Interview mit einem Journalisten, sieht der Leser die Welt des Opus Dei mit den Augen des Prälaten, der die Selbstgeißelung, das Keuschheitsgelübde und andere Praktiken der Institution verharmlost und rechtfertigt. Mit der Figur des Numerariers Silas, der sich mehrmals

---

82 Vgl. Füser, Hans-Dieter: Opus Die. Eine Gesellschaft kämpft um ihren Ruf. In: Mannheimer Morgen vom 18.05.2006

83 Vgl. Heide, Annett: Kampf der Bilder. In: Berliner Zeitung. Nr. 109 vom 11.05.2006. S.3

84 Vgl. Füser, Hans-Dieter: Opus Die. Eine Gesellschaft kämpft um ihren Ruf. In: Mannheimer Morgen vom 18.05.2006

85 Vgl. Brown, Dan: Sakrileg. The Da Vinci Code. 1. Aufl. Bergisch Gladbach: Lübbe, 2006. S. 26

86 Vgl. ebd. S. 63

am Tag brutal mit Bußgürtel und -Geißel selbst kasteit und für Opus Dei sogar nicht vor Mord zurückschreckt, betont Brown jedoch die düstere Seite des Laienordens.[87] Der Autor betitelt Opus Dei als christliche Sekte.[88] Mit der Organisation „ODAN" („Opus Dei Achtsamkeitsnetzwerk"), bestehend aus ehemaligen Mitgliedern, hat der Autor der Überwachungsorganisation von Opus Dei einen Namen gegeben.[89] Außerdem beschreibt er auch die niedrige Frauenstellung innerhalb des Ordens, verstärkt jedoch das frauenfeindliche Bild durch die Aussage, weiblichen Mitgliedern würde ein größeres Maß an Selbstkasteiung abverlangt, da sie für die Sünde Evas büßen müssten.[90] Die Ordensmitglieder verbringen den größten Teil des Tages damit, zu beten.[91] Aringarosa hat vor fünf Monaten bei einem Treffen mit den Kuriengenerälen des Vatikans in Rom erfahren, dass der neue Papst die Zusammenarbeit mit Opus Dei als Personalprälatur aufgeben will, da sie ihm zu konservativ ist. Der Orden soll wieder eine eigenständige religiöse Organisation werden und erhält als Entschädigung zwanzig Millionen Euro in Form von Inhaberobligationen, dieselbe Summe, mit der Opus Dei 1982 die Vatikanbank unterstützt hatte.[92] Um eine mächtige Organisation zu bleiben, will der Bischof in den Besitz des Heiligen Grals kommen. Zu diesem Zweck kooperiert er mit dem Lehrer, welcher die Prieuré de Sion unterwandert, und kämpft somit gegen die Bruderschaft, dessen Enthauptung Silas übernimmt. Gleichzeitig untermauert diese Aktion die Absicht der Kirche, die Sangreal-Dokumente zu zerstören, um nicht ihre Grundlage zu verlieren. Somit wäre dies die größte Verschwörungsaktion aller Zeiten.

1.2.3.2 Die Schnitzeljagd um den Da Vinci Code und den Heiligen Gral

Langdon und Sophie müssen ein Jahrhunderte altes Geheimnis lüften, das mit viel Macht verbunden ist: die Aufdeckung der Identität von Jesus Christus als normal Sterblicher. Die Suche nach dem Heiligen Gral erfolgt nach demselben Prinzip wie das Geschenke suchen in Sophies Kindheit: ein Hinweis führt zum nächsten. Hat man alle Stationen durchlaufen, findet man das Geschenk, bzw. in diesem Fall das

87 Vgl. ebd. S. 45 ff

88 Vgl. ebd. S. 383

89 Vgl. ebd. S. 45 ff

90 Vgl. ebd. S. 64

91 Vgl. ebd. S. 517

92 Vgl. ebd. S. 557 ff

Geheimnis. Dazu müssen die Protagonisten eine Reihe von Rätseln und Codes lösen, bzw. entschlüsseln, die Jacques Saunière ihnen aufgibt, wobei zusätzlich geschichtliches, ikonographisches und architektonisches Wissen erforderlich ist. Zu Beginn identifizieren Robert und Sophie Saunières letzte Botschaft als Anagramm, dessen Auflösung bedeutet: „Leonardo Da Vinci! The Mona Lisa!". Auf dem berühmtesten Gemälde des Malers finden sie ein zweites Anagramm, dessen Lösung auf Da Vincis „Felsgrottenmadonna" verweist. Dort entdeckt Sophie einen Laserschlüssel mit den eingravierten Initialen „P.S." für „Prieuré de Sion". Mithilfe eines UV-Strahlers kann sie auf der Rückseite des Schlüssels eine Adresse entziffern, die zu einem Depot der Zürcher Depositenbank führt. Zum Öffnen des Depots ist die Eingabe der Fibonacci-Folge (ein Dechiffrierungsverfahren) der Zahlen von Saunières letzter Botschaft erforderlich. In dem Depot finden die beiden Schatzsucher ein Rosenholzkästchen, welches ein Kryptex – den Wegweiser, bzw. die Schatzkarte zum Heiligen Gral – beinhaltet. Das Kryptex lässt sich nur mit dem richtigen fünfstelligen Passwort öffnen. Den Code für das Passwort findet Langdon unter der Einlegearbeit des Schatzkästchens, auf dessen Rückseite ein Vierzeiler in englischer Spiegelschrift steht. Das Lösungswort erhalten sie durch Anwendung des Atbasch-Codes, ein hebräisches Verschlüsselungssystem. Das Passwort ist ein uraltes Wort der Weisheit: Sofia. In dem Kryptex befindet sich ein zweites, kleineres Kryptex, dem wiederum ein Vierzeiler beiliegt. Das Gedicht verspricht den nächsten Hinweis auf Sir Isaac Newtons Grab in der Westminster Abbey zu finden. Das zweite Passwort ist: Apfel. Der dritte und letzte Vierzeiler führt Sophie und Langdon in die Rosslyn Chapel in Edinburgh, wo Sophie ihre tot geglaubte Familie wieder findet und das Geheimnis ihrer Familie lüftet. Langdon fällt einige Tage später die zweite Bedeutung des Vierzeilers ein und findet das Versteck des Heiligen Grals: die Pyramide Inversée. Nicht nur Saunières letzte Botschaft und der Inhalt des letzten Vierzeilers haben eine doppelte Bedeutung, sondern es kommen ebenfalls viele Symbole mit dualer Bedeutung vor, welche durch die Gemälde Da Vincis untermauert werden. So z.B. das heidnische Pentagramm, das sich aus dem männlichen und dem weiblichen Symbol zusammensetzt, oder die Rose als Symbol für die weibliche Sexualität. In doppelter Ausführung treten auch die Anagramme und die Kryptexe auf. Da die Anagramme auch in ihrer unentschlüsselten Fassung im Roman niedergeschrieben sind, besteht für den Leser die Möglichkeit an der Lösung mit zu raten.

1.2.4 Protagonisten

1.2.4.1 Robert Langdon

Robert Langdon ist Professor für religiöse Symbolologie an der Harvard-Universität. Er hat bereits einige Bücher über christliche Ikonographie und Symbole religiöser Kulte veröffentlicht. Eines seiner Spezialgebiete sind Geheimgesellschaften und ihre Codes. Durch die Verwicklung in ein Medienspektakel um den Vatikan (*Illuminati*) wurde er zu einer Berühmtheit. Da er in diesem Zusammenhang den neuen Papst und einige Kardinäle persönlich kennen gelernt hatte, ist er kein radikaler Gegner der Kirche.[93] Als Historiker ist er jedoch gegen die Vernichtung der Sangreal-Dokumente.[94] Der attraktive Dozent ist groß,[95] hat klare blaue Augen, ein ausgeprägtes Kinn mit einem Grübchen und schwarzes, dichtes, gewelltes Haar, das an den Schläfen bereits graue Strähnchen aufweist. Langdon unterstreicht seine akademische Erscheinung durch ein Jackett aus Harris Tweed und Rollkragenpullover.[96] Da Robert als kleines Kind in einen Brunnenschacht fiel und stundenlang auf seine Rettung warten musste, leidet er an Klaustrophobie und ängstigt sich vor geschlossenen Räumen.[97] Der Intellektuelle glaubt nicht an Zufälle, sondern betrachtet die Welt aufgrund seines Studienfachs als Geflecht vernetzter Ereignisse und Geschichten.[98] Wenn er einen Sachverhalt nicht versteht, grübelt er solange darüber, bis er auf die Lösung kommt.[99] Diese Eigenschaft und sein umfangreiches Wissen machen ihn zu einem idealen Kandidaten für die Schnitzeljagd. Er ist von historischen Geheimnissen derart fasziniert, dass er sich für deren Lösung in Lebensgefahr begibt und zu einem gejagten Mann wird. Durch seinen Einfallsreichtum ist er sowohl von der Polizei, als auch von seinen Verfolgern schwer zu fassen. Er hat sowohl die Rolle des Verfolgten, als auch die des Aufklärers inne. Langdon ist jedoch, auch wenn er im Verlauf der Erzählung unfreiwillig die Grenze der Legalität überschreitet, ein rechtschaffener Mensch. Er ist sehr einfühlsam: Auch wenn er selbst tief in Schwierigkeiten steckt, sorgt er

---

93 Vgl. ebd. S. 17 ff

94 Vgl. ebd. S. 464

95 Vgl. ebd. S. 468

96 Vgl. ebd. S. 18f

97 Vgl. ebd. S. 40

98 Vgl. ebd. S. 28

99 Vg. ebd. S. 114

sich noch um das Wohl seiner Freunde.[100] Bei seinem Erlebnis im Vatikan lernte er eine Frau namens Vittoria kennen und lieben. Da sie jedoch von Beruf Forscherin auf dem Gebiet der Biologie ist und daher oft reisen muss, gingen die beiden keine feste Beziehung ein. Trotzdem hatte diese Affäre Langdons Vorliebe für ein Junggesellenleben geschwächt und löste in ihm eine intensive Sehnsucht nach einer festen Beziehung aus.[101] Durch die Botschaft des ermordeten Jacques Saunière lernt Langdon nun dessen Enkelin Sophie Neveu kennen und wird für sie zu ihrem Lehrer.[102] Im Verlauf der Ereignisse verlieben sich die beiden sogar und Langdon empfindet in ihrer Nähe „eine Woge der Zufriedenheit“[103]. Auch wenn die beiden gegen Ende ein Liebespaar werden, bleibt offen, ob mehr aus dieser Begegnung wird, da beide in verschiedenen Ländern leben. Auch wenn die Leere, die Robert erfüllte, mit Sophie verschwunden ist, verändert er sich im Verlauf der Geschichte charakterlich nicht, was vermutlich daran liegt, dass die Figur des Robert Langdon auf Fortsetzung ausgelegt ist und solche Charaktere in ihrem Wesen konstant bleiben.

1.2.4.2 Sophie Neveu

Die zweiunddreißigjährige Französin Sophie Neveu studierte in England am Royal Holloway Institute und arbeitet seit zwei Jahren als Kryptographin in der Dechiffrierabteilung der französischen Staatspolizei in Paris. Sie besitzt einen stark ausgeprägten Eigensinn und eine unglaubliche Selbstsicherheit verbunden mit einer starken Ausstrahlung. Ihre Schönheit ist natürlicher und unaufdringlicher Art: Sie hat schulterlanges burgunderrotes Haar, grüne Augen mit einem festen, unbeugsamen Blick und ein offenes, freundliches Gesicht mit äußerst femininen Zügen. Die attraktive Frau kleidet sich dezent mit einer schwarzen Leggings und einem knielangen, cremefarbenen irischen Pullover. Ihr Schritt ist geschmeidig und aus ihrer sonoren Stimme lässt sich ein schwacher französischer Akzent heraushören. Die intelligente Codeknackerin umgibt eine geheimnisvolle Aura.[104] Sophie ist die Enkeltochter von Jacques Saunière und hatte bereits seit zehn Jah-

---

100 Vgl. ebd. S. 114

101 Vgl. ebd. S. 53

102 Vgl. ebd. S. 299 f

103 Brown, Dan: Sakrileg. The Da Vinci Code. 1. Aufl. Bergisch Gladbach: Lübbe, 2006. S. 393

104 Vgl. Brown, Dan: Sakrileg. The Da Vinci Code. 1. Aufl. Bergisch Gladbach: Lübbe, 2006. S. 75 ff

ren keinen Kontakt mehr mit ihrem Großvater, da sie ihn bei einem Sexualritus ertappte. Sophie war von diesem Ereignis peinlich berührt und untersagte Saunière jeglichen Kontakt. Die Erinnerung an ihren Großvater ist für sie sehr schmerzlich. Er war für sie das einzig verbleibende Familienmitglied. Seit die Eltern, der jüngere Bruder und die Großmutter bei einem Autounfall ums Leben gekommen waren, wurde sie von Jacques groß gezogen. Von ihm erlernte sie die englische Sprache und die Fähigkeit, komplizierte Codes zu knacken, indem er ihr Anagramme, Texte in Spiegelschrift und Zahlenrätsel aufgab.[105] Schon in Kindheitstagen wurde Prinzessin Sophie – das war ihr Spitzname – von ihrem Großvater auf die Schnitzeljagd vorbereitet: Zu ihrem Geburtstag und zu Weihnachten veranstaltete er für sie eine Schatzsuche, in deren Verlauf sie Rätsel lösen musste, deren Lösung sie wiederum zu einem neuen Rätsel führte. Die Entschlüsselung des letzten Anagramms verriet ihr sodann das Versteck ihres Geschenkes. Manchmal verwendete Saunière dafür auch Kryptexe. Diese Leidenschaft machte die Kryptologin schließlich zu ihrem Beruf.[106] Was sie nicht weiß, ist, dass Saunière sie damit als seine Nachfolgerin seiner Position als Großmeister in der Prieuré qualifizierte. Im Zuge der Ereignisse wird Neveu zu Langdons Komplizin und begibt sich für die Lösung des Geheimnisses ebenfalls in Lebensgefahr und in kriminelle Machenschaften. Durch Robert versteht sie endlich, was es mit dem Sexualritus ihres Großvaters auf sich hatte und kann ihm verzeihen. Jetzt bereut sie sogar ihre abweisende Haltung gegenüber Saunière. Die Kryptologin ist die ganze Zeit über beherrscht, doch dieses Thema berührt sie so sehr, dass sie ihre Tränen nicht zurückhalten kann.[107] Außerdem hilft ihr Langdon, ihre tot geglaubte Familie wieder zu finden und somit ihre Identität als direkter Nachfahre von Jesus Christus und Maria Magdalena aufzudecken. Robert ist der einzige Mensch, dem sie sich bisher so sehr geöffnet hat. Im Laufe der Ereignisse verliebt sie sich in ihn. Bei Langdon, ihrer Großmutter und ihrem Bruder fühlt sie sich endlich zu Hause und nicht mehr einsam.[108] Daher ist sie auch traurig, sich vorerst von Langdon verabschieden zu müssen. Auch Sophie Neveus Charakter verändert sich nicht stark. Ihr Leben selbst findet jedoch eine große Wendung, da sie nun das Geheimnis

105 Vgl. ebd. S. 109 ff

106 Vgl. ebd. S. 156 f

107 Vgl. ebd. S. 424

108 Vgl. ebd. S. 592

ihrer Familie kennt und die schlechten Erinnerungen aus ihrer Vergangenheit verarbeiten kann. Sie liefert somit die emotionale Seite der Geschichte.

1.2.4.3 Sir Leigh Teabing

Sir Leigh Teabing ist ein vermögender Historiker und Religionswissenschaftler.[109] Sein Spezialgebiet sind christliche Sekten, insbesondere die Tempelritter.[110] Als junger Mann hat er in Oxford studiert. Er ist ein Abkömmling des ersten Duke of Lancaster und hat seinen Reichtum im Umfang von mehreren Millionen durch eine Erbschaft erworben. Nachdem er eine umfangreiche Geschichte über das Haus York verfasst hatte, schlug ihn die Queen zum Ritter und er wurde Mitglied der British Royal Society. Teabings größte Leidenschaft ist die Suche nach dem Heiligen Gral, die er zu seinem Lebensinhalt macht. Der Brite hat bereits mehrere Bücher über dieses Thema geschrieben und ist sogar nach Frankreich gezogen, um dort alle Kirchen abzusuchen, die als Versteck für den Schlussstein in Betracht kommen, wobei er keinerlei Kosten scheute. Nun lebt er in Paris im Château Villette, einem Schloss aus dem siebzehnten Jahrhundert in der Nähe von Versailles, in dem sich auch seine Sammlung von Nobelkarossen und Oldtimern befindet. Auch wenn er in Frankreich lebt, hat er doch alles gerne so wie in seinem Heimatland. Da Teabing bereits als Kind an Polio erkrankt war, geht er an Krücken und muss Beinschienen tragen. Trotz alledem ist er voller Lebensfreude. Alle zwei Wochen fliegt er mit seinem Privatjet zur Behandlung nach England. Durch eine berufliche Kooperation vor einigen Jahren hatte er mit Langdon Bekanntschaft gemacht. Leigh hat eine Vorliebe für salbungsvolle Sprüche und sein britischer Akzent ist unüberhörbar.[111] Leigh Teabings Aussehen ist typisch britisch: Er ist dicklich, hat rosige Haut, rotes buschiges Haar und haselnussbraune Augen, die beim Reden schelmisch aufblitzen. Seine Hose hat eine messerscharfe Bügelfalte und über seinem Seidenhemd trägt er eine Weste mit Paisleymuster.[112] Der besessene Gralsforscher spricht sich für die Veröffentlichung der Sangreal-Dokumente aus.[113] Dies ist die sympathische Seite, die der Leser an Leigh kennen lernt. Doch in seiner falschen und geheimen Identität als „der Lehrer" mit einem gespielten

---

109 Vgl. ebd. S. 300

110 Vgl. ebd. S. 383

111 Vgl. ebd. S. 300 ff

112 Vgl. ebd. S. 315

113 Vgl. ebd. S. 398

französischen Akzent ist er ein absolut skrupelloser und durchtriebener Mensch. Mithilfe Rémys und einer hochmodernen Abhörstation unterwandert er die Prieuré und gibt Silas den Auftrag, Saunière und die drei Seneschalle zu töten und ihnen den Aufbewahrungsort für den Schlussstein zu entlocken. Auch er selbst schreckt nicht vor Mord zurück, als er Rémy tötet. Und selbst diese Tat bereitet ihm keine Gewissensbisse: „[…] und war erstaunt, wie wenig es ihm zu schaffen machte, was er gerade getan hatte."[114] In dieser Rolle benutzt Teabing die Menschen in seinem Umfeld, Opus Dei und sogar den Vatikan für seine finsteren Pläne. Sein Verhalten rechtfertigt er mit der Aussage, er würde der Wahrheit dienen, womit in seinen Augen der Zweck die Mittel heiligt.[115] Teabings Charakter verändert sich nicht, doch das wahre Ausmaß seiner Besessenheit vom Heiligen Gral und seinem fanatischen Entschluss, die Wahrheit der Öffentlichkeit zugänglich zu machen, kommt erst am Ende des Plots zum Vorschein und lässt ihn in einem anderen Licht erscheinen. Als talentierter Lügner hat er seine wahren Motivationsgründe hervorragend zu verschleiern gewusst. Er ändert also nicht seinen Charakter, sondern seine Rolle: Er wird für den Leser vom Helfer und Opfer zum Täter und Drahtzieher.

1.2.5 Sprache und Stil

Dan Browns Roman beinhaltet sowohl die postmoderne, als auch die minimalistische Schreibweise. Im Stile der Postmoderne fügt der Autor viele Spannungselemente ein. Innerhalb eines Kapitels wendet er eine elliptische Erzählweise an, um dem Leser mit Absicht Informationen vor zu enthalten und somit Spannung zu erzeugen:

> „Du brauchst nur noch die Spuren zu beseitigen, dachte der Lehrer, während er zur hinteren Tür der Limousine ging. […] Er blickte sich um. Niemand beobachtete ihn. Er zog die Tür auf und stieg ins geräumige Passagierabteil. Minuten später durchquerte der Lehrer den St. James's Park."[116]

Zwischen den einzelnen Kapiteln baut er die für Fortsetzungsromane oder Fernsehserien so typischen Cliffhanger ein: Im spannendsten Moment bricht er das Kapitel ab, um einen Schnitt zu machen und im

---

114 Brown, Dan: Sakrileg. The Da Vinci Code. 1. Aufl. Bergisch Gladbach: Lübbe, 2006. S. 522

115 Vgl. Brown, Dan: Sakrileg. The Da Vinci Code. 1. Aufl. Bergisch Gladbach: Lübbe, 2006. S. 550

116 Brown, Dan: Sakrileg. The Da Vinci Code. 1. Aufl. Bergisch Gladbach: Lübbe, 2006. S. 522

nächsten Kapitel zu einem anderen Ort und zu einer anderen Figur, bzw. Perspektive zu wechseln, denn der Roman enthält mehrere Erzählstränge. Kehrt er sodann zum vorherigen Erzählstrang zurück, findet sich der Leser oft an einer anderen Stelle im Plot wieder.[117] Da beinahe alle Kapitel auf diese Weise enden, wird die Spannung und Neugierde des Rezipienten zusätzlich gesteigert, weil er sich meist nicht zwischen den vielen spannenden Erzählsträngen entscheiden kann, denn schließlich will er das Schicksal aller Personen verfolgen. Dieses Stilmittel unterstützt die Informationsverzögerte Handlung und ist typisch für den Thriller. Brown verbindet die einzelnen Erzählstränge durch die Parallelmontage, in der alle Personengruppen dasselbe Ziel haben: in den Besitz des Schlusssteins zu gelangen, mit Ausnahme der Polizei, deren Ziel die Gefangennahme von Jacques Saunières Mörder ist. Viele Geschehnisse ereignen sich zeitgleich (z.B. erkenntlich durch: „Vierzig Kilometer entfernt…" oder „Zur gleichen Zeit"), was beinahe an einen Anachronismus grenzt. Der Leser ist gespannt, wer sein Ziel zuerst erreicht. Zusätzlich arbeitet der Schriftsteller mit Vorausdeutungen („In ihm (Langdon) keimte der Verdacht auf, dass es eine sehr lange Nacht werden würde."[118]) und Fragen („War mit der heutigen Nacht jener Augenblick gekommen, die Befehle auszuführen, die sie seit vielen Jahren hütete?"[119]). Der Autor verbindet mehrere Genres: Abgesehen von der für den Thriller und den Detektivroman typischen Spannung, finden sich auch zahlreiche Kämpfe oder Verfolgungsjagden, die beinahe schon wie eine Szene aus einem Actionfilm beschrieben werden:

> „Das Zweiklanghorn der Polizei hinter ihnen wurde lauter. Langdon sah im Seitenspiegel das Blaulicht auftauchen. Der Motor des Smart heulte protestierend auf, als Sophie mit durchgetretenem Gaspedal Boden zu gewinnen suchte. Fünfzig Meter vor ihnen sprang die Ampel an der Rue de Rivoli auf Rot. Fluchend hielt Sophie mit unvermindertem Tempo auf die Ampel zu. […] und jagte den Smart mit kreischenden Reifen über die leere Kreuzung […]."[120]

---

117 Vgl. Brown, Dan: Sakrileg. The Da Vinci Code. 1. Aufl. Bergisch Gladbach: Lübbe, 2006. S. 555 ff

118 Brown, Dan: Sakrileg. The Da Vinci Code. 1. Aufl. Bergisch Gladbach: Lübbe, 2006. S. 44

119 Brown, Dan: Sakrileg. The Da Vinci Code. 1. Aufl. Bergisch Gladbach: Lübbe, 2006. S. 128

120 Brown, Dan: Sakrileg. The Da Vinci Code. 1. Aufl. Bergisch Gladbach: Lübbe, 2006. S. 191

Daneben tauchen auch phantastische Handlungselemente auf, wie z.B. die Tatsache, dass Sophie ein Nachfahre Christi ist. In dem Konstrukt aus Geheimnissen und gefährlichen Mächten, hat Langdon das Gefühl, sich in einer unwirklichen Welt zu befinden.[121] Außerdem bringt Dan Brown Elemente eines Sachbuches ein: An manchen Stellen wird die Handlung durch geschichtliche Abschweifungen unterbrochen, z.B. bei der Definition des Nullmeridians.[122] Des Öfteren greifen Hochkultur und Populärkultur ineinander über: Zu Beginn eines Kapitels beschreibt der Schriftsteller zunächst ein Gebäude (z.B. Westminster Abbey), daraufhin folgt ein historischer Abriss dazu und danach setzt wieder die Handlung ein.[123] Dadurch entsteht Edutainment, der Leser erwirbt auf angenehme Art und Weise Wissen und die Handlung bleibt abwechslungsreich. Zur Unterstreichung des Wahrheitsgehaltes führt Brown viele Dokumente an, so auch die „Dossiers Secrets"[124], sowie vier Sachbücher.[125] Darüber hinaus hat der Leser die Möglichkeit an der Lösung der Rätsel mit zu raten. Diese spielerische Genremischung zeichnet das Mystery-Genre aus und ist gleichzeitig ein Merkmal der Postmoderne. Die detaillierte Beschreibung eines Raumes bei seinem Betreten spricht für eine szenische Darstellung. Die Atmosphäre wird stets mystisch dargestellt:

> „In den üblicherweise perfekt ausgeleuchteten Galerien des Louvre war es überraschend schummrig. […] Am heutigen Abend besaß das Museum eine geradezu bedrohliche Atmosphäre. Aus allen Ecken krochen lange Schatten hervor, und die sonst so hohen Gewölbedecken wirkten wie eine drückende schwarze Leere."[126]

Um dem Leser die zahlreichen Informationen zu vermitteln, findet im Roman häufig die Figurenrede in Form von Dialogen Anwendung. Um den Rezipienten nicht zu überfordern, werden historische Ereignisse oft auf mehrere Kapitel verteilt, so z.B. die komplette Geschichte um den Heiligen Gral, die Tempelritter und die Prieuré de Sion.[127] Die Ge-

---

121 Vgl. Brown, Dan: Sakrileg. The Da Vinci Code. 1. Aufl. Bergisch Gladbach: Lübbe, 2006. S. 393

122 Vgl. ebd. S. 149 f

123 Vgl. ebd. S. 531

124 Vgl. ebd. S. 287

125 Vgl. ebd. S. 348 f

126 Brown, Dan: Sakrileg. The Da Vinci Code. 1. Aufl. Bergisch Gladbach: Lübbe, 2006. S. 41

127 Vgl. Brown, Dan: Sakrileg. The Da Vinci Code. 1. Aufl. Bergisch Gladbach: Lübbe, 2006. S. 319 ff

danken der Handlungsträger werden als Bewusstseinsstrom kursiv gedruckt (*„Du solltest mal Urlaub machen, Robert.“*[128]) oder als erlebte Rede wiedergegeben. In Form von Rückblicken, die innerhalb des Geschehens als Erinnerungen und Gedankengänge eingeschoben werden, erfährt der Leser etwas über die Vergangenheit und die Gefühle der handelnden Figuren, z.B. durch Sophies Beobachtung des Sexualritus und ihre geschockte Reaktion, die eine Art Trauma auslöste.[129] Abgesehen davon werden die Charaktere der Figuren nur oberflächlich beschrieben und stellen somit ein minimal self dar. Der Autor beschreibt die Handlung und die Personen aus einer suggestiven Außensicht: Es findet keine vertiefende psychologische Deutung oder Erzählerkommentare statt. Ebenso kennzeichnend für den Minimalismus sind die kleinen Erzählformen, denen Brown in seinem Buch durch die kurzen Sätze und durch die seltene Verwendung von Stilmitteln Ausdruck verleiht. Dan Brown bettet den Plot in einen Prolog, der die Handlung anstößt, und einen Epilog ein und schafft durch Sophies Familientreffen ein überraschendes und mit dem Aufspüren des Schlusssteins zugleich offenes Ende, denn der Leser selbst bekommt den Heiligen Gral nicht zu Gesicht.

1.2.6 Botschaft

Dan Brown bringt in diesem Mystery-Roman nicht nur seine Begeisterung für die geheimen Botschaften in Leonardo Da Vincis Gemälden zum Ausdruck, sondern stellt auch die These auf, Jesus sei ein normal Sterblicher gewesen, der mit Maria Magdalena verheiratet war und mit ihr eine Tochter namens Sarah hatte. Dabei spricht er sich nach eigenen Worten nicht für oder gegen diese These aus, sondern beabsichtigt damit, dass die Leser seines Romans neu über ihren Glauben nachdenken und in Gesprächen darüber diskutieren, was er auch erreichte.[130]

---

128 Brown, Dan: Sakrileg. The Da Vinci Code. 1. Aufl. Bergisch Gladbach: Lübbe, 2006. S. 18

129 Vgl. Brown, Dan: Sakrileg. The Da Vinci Code. 1. Aufl. Bergisch Gladbach: Lübbe, 2006. S. 194 ff

130 Vgl. ebd. S. 613 (Interview mit Dan Brown)

1.2.7 Der Roman in der Kritik

Die internationale Kritik ist gespalten. Man findet Bezeichnungen von „anregend“ und „geistvoll“ bis „ärgerlich fesselnder Quatsch“.[131] Die Kritiker sind sich jedoch einig, dass es Brown versteht, einfache Antworten auf komplizierte Fragen zu liefern und loben die Thematik des Romans, die gekonnt in einen historischen Kontext eingebettet ist.[132] Einige sind mit dem offenen Ende von *Sakrileg* jedoch unzufrieden, wie z.B. die Rezensenten des *Journal* und der *Stuttgarter Zeitung*:

> „Das Finale schleppt manchmal nach, […]. Browns Schnitzeljagd durch seltsam verschlüsselte Geheimnisse, schließlich gar auf der Spur des Heiligen Gral, endet ohne greifbares Ergebnis. Mancher Leser mag sich wie ‚Alice im Wunderland‘ fühlen, die vom verrückten Hutmacher ein Rätsel bekam, es nicht lösen konnte und, als sie ihn nach der Lösung fragte, zur Antwort erhielt: ‚Ich habe keine Ahnung.‘ […] Literarischer Stil ist nicht Sache der Thriller-Autoren. Manchmal klingt es in ihren Bestsellern nach Groschenroman.“[133]

> „Wie Brown aus der feministischen Interpretation der Gralslegende einen Reißer bastelt, macht Spaß. Wie unverbindlich er das Buch zu Ende bringt, weniger.“[134]

Andere wiederum, wie z.B. *Der Spiegel* sind der Meinung, dass Brown bei seinem Plot übertreibt:

> „Zu Beginn funktioniert das spannende Konstrukt des Autors problemlos: eine forsche Mischung aus Historienspiel, Spionage-Spektakel und bewährten Thriller-Utensilien. Zum Ende hin begeht Brown allerdings einen Fehler: Er übertreibt.“[135]

Die Kritiker von Cannes, die ebenfalls den Film rezensierten, sprechen dem Autor literarische Qualität ab:

> „Für den außerordentlichen Erfolg des Romans, da sind sich die Kritiker einig, ist kaum seine literarische Qualität verantwortlich, sondern vielmehr die phantastische Enthüllungsge-

---

131 Vgl. Stein, Emmanuel van: Browns Schnitzeljagd von Paris zum Vatikan. In: Kölner Stadt-Anzeiger. Nr. 85 vom 10./11.04.2004, S. 44

132 Vgl. In: General-Anzeiger. Nr. 34699 vom 13./14.03.2004, S. 2

133 Breitenstein, Rolf: Doch seine Seele jubelte. In: Journal.

134 Gotteskrieger. In: Stuttgarter Zeitung. Nr. 105 vom 07.05.2004, S. 32

135 Kronsbein, Joachim: Der Vatikan in Panik. In: Der Spiegel 13 (22.03.2004), S. 194

> schichte, die Dan Brown um seinen Mord im Pariser Louvre spinnt."[136]

Dan Brown empfindet dies jedoch nicht als Beleidigung, er selbst schreibt den Erfolg seines Romans nicht seiner Schreibkunst zu, sondern dem behandelten Thema:

> „Doch wenn ich ehrlich bin - es ist der Stoff. Geheime Gesellschaften, verstecktes Wissen, verloren gegangene Geschichte, sinistre Verschwörungen, so etwas spricht alle Schichten an, vom Chefarzt bis zum Klempner, von der Designerin bis zur Küchenhilfe."[137]

Es gibt jedoch auch ausschließlich positive Rezensionen, wie die des *Handelsblattes*:

> Erst dem früheren Englischlehrer Dan Brown ist es nun wieder gelungen, erfolgreich mit Fiktion und Mythen zu spielen."[138]

Speziell die junge Generation ist von Browns Mystery-Roman begeistert. In der Rubrik „Jugend rezensiert" der *Neuen Zürcher Zeitung* spricht sich eine sechzehnjährige Leserin für das Buch aus:

> „Ich finde, man sollte Brown für seine ausserordentlich packende Geschichte, in die seine Behauptungen nahtlos eingebettet sind, loben. Die Phantasie muss schließlich nicht bewiesen werden. [...] und die aus abwechselnder Sicht geschriebenen Kapitel hindern einen daran, das Buch wegzulegen. Die Geschichte verdient sicherlich, dass sie zu einem Bestseller geworden ist."[139]

Der Roman hat seine Leser stark beeinflusst: Laut einem christlichen Meinungsforschungsinstitut habe das Buch für 53 Prozent der Amerikaner zu ihrem persönlichen spirituellen Wachstum und Verständnis beigetragen. Umfragen in europäischen Ländern belegen dies ebenso.[140] Die Tourismus-Branche kann sich jedenfalls über den Erfolg von *Sakrileg* freuen: Der Louvre erhielt einen Besucherzuwachs von 100000

---

136 Baier, Uta: Ein ganz normales Abendmahl. In: DIE WELT . Nr. 112 vom 15.05.2006, S. 25

137 Fiedler, Teja: Hatte Jesus Frau und Kinder? War er Gottes Sohn oder Mensch? In: Stern 9(2004), S. 198

138 Schürmann, Hans: Verwischte Realität. In: Handelsblatt. Nr. 226 vom 19.11.2004, S.10

139 Wartburg, Sophie von: Die Akte Jesus. In: Neue Zürcher Zeitung / Internationale Ausgabe. Nr. 226 vom 28.09.2005, S. 37

140 Vgl. Krause, Matthias B.: Widerstand gegen einen Kirchen-Thriller. In: Mannheimer Morgen. Mai 2006

begeisterten Lesern, die vor allem zu dem Gemälde der Mona Lisa strömten. Für den Gang durch den Louvre wird den Touristen eine Audio-Tour, besprochen von Jean Reno – dem Filmkommissar –, angeboten. Zu den besuchten Schauplätzen gehören ebenso das Hotel Ritz, Château Villette und die Kirche Saint-Sulpice.[141] Auch die Temple Church ist mittlerweile weltberühmt: Vor der Publikation des Bestsellers hatte die Kirche eine relativ niedrige Besucherquote, heute kommen wöchentlich tausend Menschen in die Kirche. Reverend Robin Griffith-Jones geht auf das Interesse ein, hält Vorträge über die Geheimnisse der Temple Church und beantwortet die Fragen der Touristen bereitwillig. Reiseveranstalter bieten Touren mit Namen „Da Vinci Code" an, bei denen die Reiseführer die Touristen zu den Schauplätzen des Romans führen und über deren Historie mit Bezug zum Buch aufklären.[142]

2. Der Film *The Da Vinci Code* – Verfilmung des Romans *Sakrileg*

Abbildung 3: Filmplakat *The Da Vinci Code*

141 Vgl. Kaffsack, Hanns-Jochen: Mona Lisa und der Zorn des Vatikans. In: General-Anzeiger. Nr. 35295 vom 25./26.02.2006, S. 14

142 Vgl. Mönninger, Michael: Wo geht's hier zum Gral? In: DIE ZEIT. Nr. 20 vom 11.05.2006, S. 79

2.1 Leben und Werk des Regisseurs Ron Howard

Abbildung 4: Ron Howard

Ronald (genannt Ron) Howard wurde am 01. März 1954 im amerikanischen Duncan, Oklahoma in eine Filmfamilie hineingeboren: Sein Vater Rance ist selbst Regisseur, Schauspieler und Autor, seine Mutter Jean und sein Bruder Clint sind ebenfalls Schauspieler. Auch Ron versuchte sich zunächst in der Schauspielerei. Bereits als Kleinkind wirkte er in den Spielfilmen *Frontier Women* (1955) und *The Journey* (1959) mit. Später war er regelmäßig in der Serie *Playhouse* zu sehen. In den 70er Jahren spielte er jedoch nicht nur in diversen Serien (u. a. *Huckleberry Finn*) mit, sondern war 1973 mit *American Graffiti* auch auf der Kinoleinwand zu sehen. Wenn Ron Howard nicht vor der Kamera stand, ging er in die Schule. Er besuchte das Los Angeles Valley College und die Universitiy of Southern California. Bereits als Jugendlicher war er vom Filmemachen derart fasziniert, dass er stets mit einer Super-8-Kamera unterwegs war. Mit *The Grand Theft Auto* (1977) wagte er sodann den Schritt, gleichzeitig als Schauspieler und als Regisseur tätig zu sein. Seinen ersten Erfolg als Filmregisseur erzielte er 1982 mit *Splash* – ein modernes Märchen, das Kritik an Kommerz und Wissenschaft ausübt mit Tom Hanks in der Hauptrolle. Auch der nachfolgende Film *Cocoon* war aus dem Fantasy-Bereich. Mit *Backdraft* (1991) bediente er das Action-Metier und mit *Far and away* (1992) drehte er mit Tom Cruise in der Hauptrolle einen Western. Bereits zu diesem Zeitpunkt hatte er namhafte Stars an Land gezogen. So wartet auch sein erfolgreiches Filmwerk *Apollo 13* von 1995, der die dramatische Reise der gleichnamigen Raumkapsel von 1970 authentisch nacherzählt, mit einem großen Starangebot auf, darunter wieder Tom Hanks. Für diesen Film erhielt er im darauf folgenden Jahr den Directors Guild of America (DGA) Award. Danach folgten weitere Filme unterschiedlicher Genre, in denen er als Produzent und Regisseur beteiligt war, darunter: *Ransom* (1997), *Edtv* (1999) und *The Grinch* (2000) – eine Literaturverfilmung des gleichnamigen Kinderbuches.[143] Seine Produktionsfirma, die er 1985 mit Brian Grazer gründete, trägt den Namen „Imagine Films Entertainment".[144] Sein bisher erfolgreichster Film war *A Beautiful Mind* von 2001, der die Lebensgeschichte des an paranoider Schizophrenie erkrankten Mathematikers und Nobelpreisträgers John F. Nash erzählt. Der Film erhielt 2002 den Golden Globe für den besten Kinofilm in der Sparte „Drama". Ron Howard erhielt für dieses Werk im gleichen Jahr den Jahrespreis des amerikanischen Verbandes der Regisseure (DGA) und den Oscar für die beste Regie. Nach einer Reihe weiterer erfolgreicher Kinofilme und der Serie *24* verfilmte er erneut ein Buch, dieses Mal einen Bestseller aus dem Mystery-Genre: *Sakrileg* von Dan Brown. Am 18. Mai 2006 erschien *The Da Vinci Code* in den deutschen Kinos. Der Thriller, indem nun wieder Tom Hanks die Hauptrolle spielt, handelt von einer religiösen Intrige, basierend auf der These, Jesus habe mit Maria Magdalena ein Kind gezeugt. Der Regisseur ist seit 1975 mit seiner Frau Cheryl Alley verheiratet und ist Vater von vier Kindern: Bryce, Reed und die Zwillinge Jocely und Paige. Ron Howard lebt heute mit seiner Familie in Greenwich, Connecticut.[145]

2.2 Interpretation

2.2.1 Filmsprache

Die Exposition des Films beinhaltet zwei establishing shots. Der erste stellt den Prolog des Romans dar: Nach dem Vorspann sieht der Zuschauer ein schwarzes Bild, das ab und zu von aufblitzenden Lichtern durchsetzt wird, und hört eilige Schritte. Im unscharfen Bild läuft Saunière auf die Kamera zu. In Großaufnahmen sieht man einzelne Gemälde des Louvre, um ihn als Schauplatz erkenntlich zu machen. Den Dialog zwischen Silas und dem Museumsdirektor verfolgt der Zuschauer in Nahaufnahmen deren Gesichter, wodurch Saunières Angst und Silas Entschlossenheit gut zum Ausdruck gebracht werden. Als Saunière Silas das Geheimnis verrät, wird das Geschehen aus der Vogelperspektive durch das Glasdach vom Louvre gezeigt und durch den Straßenverkehr unverständlich gemacht. Zurück in der Nahaufnahme erschießt der Albino Saunière. Nach einem harten Schnitt erfolgt dann

---

143 Vgl. Munzinger Archiv: Ron Howard. – 2000, CD-ROM. 24.07.2006

144 Vgl. allmovie: Ron Howard, 2006. – www.allmovie.com/cg/avg. dll? p= avg&sql=2:94983~T1, 12.07.2006

145 Vgl. Munzinger Archiv: Ron Howard. 2000, CD-ROM. 24.07.2006

der zweite establishing shot, der dazu dient, den Protagonisten einzuführen: Dem Publikum wird eine Super-Totale von Langdons Vortrag in Paris dargeboten. Mit der Ankündigung auf der Leinwand wird Tom Hanks, der soeben das Podium betritt, als Professor Langdon identifiziert: „The Interpretation of Symbols by Robert Langdon, Professor of Religious Symbology, Harvard University". Anschließend wird zwischen Roberts Vortrag, in dem er die duale Bedeutung diverser Symbole erklärt, und Saunières Werk seiner letzten Botschaft hin und her geschnitten. Dieses Stilmittel der beschleunigten Montage findet im Verlauf des Films des Öfteren Anwendung und ist ein spezieller Typ der Parallelmontage. Sie bringt zwei unterschiedliche Szenen in Verbindung und stellt sie als zeitgleich dar. Kurze Zeit später wird Langdon bei seiner Signierstunde von Jerome Collet abgeholt und zum Tatort gebracht. Weitere Personen werden nach und nach eingeführt, wobei diese meist auf die Kamera zulaufen bis ihr Gesicht in der Großaufnahme zu sehen ist, und sich selbst den anderen Personen vorstellen. Da der Film zum Großteil in Frankreich spielt, reden viele der Figuren Französisch. Ist dies der Fall, wird die Übersetzung als Untertitel eingeblendet. Der Untertitel findet auch bei Aringarosas Italienisch und Silas Latein Anwendung. Sprechen diese Personen Deutsch, hört man einen entsprechenden Akzent heraus, wodurch die Darstellung zwar realistisch ist, manche Sätze jedoch schwer verständlich werden. Gespräche finden meist über die Schulter in der Nahaufnahme oder in einer halbnahen Einstellung statt. Dies dient der Identifikation. Mächtige Personen, wie Aringarosa, werden aus der Untersicht gezeigt.

Wie im Roman, verfolgt der Zuschauer auch im Film das Geschehen aus verschiedenen Perspektiven. Der Wechsel der unterschiedlichen Szenen (stilistisch gleichzusetzen mit den Kapiteln des Buches) wird durch harte Schnitte vorgenommen. Durch dieses ständige hin und her Schneiden und durch Mitverfolgen diverser Dialoge der Antagonisten hat der Zuschauer einen Informationsvorsprung vor den Protagonisten, z.B. weiß der Zuschauer, dass sich Langdon, Sophie und Teabing in Gefahr befinden, weil er sieht, wie Silas um das Château schleicht. Der Rezipient unterliegt jedoch auch einem Informationsdefizit, v. a. was die Identität des „Lehrers" betrifft. Seine Aufdeckung erfolgt beim Treffen mit Rémy: Ohne dass der Zuschauer weiß, dass es sich um Teabings Perspektive handelt, blickt er aus dem point-of-view-shot auf Rémy. Während der Butler tot auf dem Boden liegt, sieht das Publikum eine Hand in seine Tasche gleiten und ein Handy herausziehen. Als die Kamera nach oben schwenkt, ist der telefonierende Teabing im Bild und der Zuschauer weiß nun, dass er der „Lehrer„ ist. Täuschungsmanöver werden im Nachhinein für das Publikum rekonstruiert. Dabei erfolgt ein Schnitt und die Vorgehensweise wird in einem blassen Farbfilter nachgestellt, wie z.B. bei der Flucht aus dem Flughafen. In emotionalen Rückblicken erfährt man etwas über die Vergangenheit der Figuren. Dabei wird zunächst das Gesicht der betreffenden Person in einer Großaufnahme gezeigt, eine Mehrfachbelichtung, bei der das Gesicht und die folgende Szene gleichzeitig zu sehen sind, dient als Übergang in die Vergangenheit. Die zurückliegenden Ereignisse werden dabei in einem starken Blau-Filter gezeigt, um die andere Zeitebene zu verdeutlichen. Um größere temporale Abstände innerhalb der Vergangenheit zu demonstrieren, finden abermals Mehrfachbelichtungen und kurze Szenen mit vielen Schnitten statt. Als Rückkehr in die Gegenwart erfolgt ein harter Schnitt zurück auf die Großaufnahme des Gesichtes. Durch Verwendung dieser intimen Einstellung werden die Szenen als Erinnerungen der jeweiligen Personen erkannt. Sie dienen ihrer Charakterisierung, die abgesehen davon selten stattfindet, denn die Figuren werden einzig durch ihr Verhalten charakterisiert. Gefühlsregungen werden in der Großaufnahme des Gesichtes oder in Detailaufnahmen einzelner Gesichtspartien gezeigt. Über Robert Langdons Vergangenheit erfährt der Zuschauer jedoch nichts außer seinem Kindheitserlebnis, bei dem er in einen Brunnen fiel. Dies sind die einzigen Rückblicke, die in schwarz-weiß und als point-of-view-shot dargestellt werden. Hat sich das Publikum im Verlauf des Films an die Rückblicke gewöhnt, werden die Erinnerungen auch durch Einschieben kurzer Szenen als Schachtelmontage mit einem harten Schnitt dargestellt.

Ähnlich wie bei den Rückblenden wird auch bei historischen Erläuterungen verfahren: Einer der Figuren erzählt die Geschichte, während deren Gesicht in der Großaufnahme gezeigt wird. Im Hintergrund beginnt sodann die historische Szene im Blau-Filter. Diese Szene wird herangezoomt, bis sie das gesamte Bild ausfüllt. Der Übergang kann jedoch auch wie beim flashback durch eine Mehrfachbelichtung erfolgen. Während der Zuschauer das geschichtliche Geschehen verfolgt, redet der Erzähler weiter und kommentiert die Ereignisse. Diese Vorgehensweise hat den Charakter eines Erzählers im Off. Um den Abstand von mehreren Jahrhunderten zu verdeutlichen, flimmert das Bild zeitweise, so als würde altes Filmmaterial verwendet.

Die geheimen Botschaften in Leonardo Da Vincis Gemälde „Das letzte Abendmahl" werden dem Zuschauer auf besondere Weise zugänglich gemacht: Es ist auf einem riesigen Plasmabildschirm als eine Art Power-Point-Präsentation zu sehen. Die einzelnen Aspekte, die von Teabing erläutert werden, werden auf dem Gemälde schnell herangezoomt und durch Ausblenden der restlichen Bildelemente hervorgehoben. So wird die Aufmerksamkeit auf Einzelheiten gelenkt. Durch das schnelle Tempo des Films hat der Zuschauer leider nicht die Möglichkeit an der Lösung der Anagramme und Vierzeiler mit zu raten. Langdons komplexe Gedankengänge bei seinen Überlegungen werden jedoch sichtlich für den Zuschauer nachvollzogen: Bei den Anagrammen leuchten einzelne Buchstaben des Satzes in der Detailaufnahme auf. Langdons Blick wird dabei durch hin und her Schwenken der Kamera verfolgt. Solche Spezialeffekte finden bei Langdons Überlegungen häufig Anwendung. Der wohl beste Special Effect wird bei der Lösung des Passwortes „appel" gezeigt: Langdons Gedanken um die Kugeln auf Newtons Grab werden bildlich dargestellt, indem sie durchsichtig vor seinem inneren Auge aufleuchten. Dabei umkreist die Kamera Robert und das Grab um 180 Grad aus der Normalsicht und aus der Vogelperspektive und lenkt durch Schwenks die Aufmerksamkeit auf diverse Punkte. Als Langdon die Lösung kennt, verblasst das Bild, um schließlich völlig zu verschwinden. Wichtige Gegenstände, wie das Rosenholzkästchen oder die Kryptexe, werden aus der Vogelperspektive mit der Kamera umkreist und sind besonders gut ausgeleuchtet. Danach werden sie in der Groß- oder Detailaufnahme gezeigt, während eventuell ihre Bedeutung oder Funktionsweise erklärt wird. Die Vierzeiler sind ebenfalls in der Detailaufnahme zu sehen und werden jeweils von Robert vorgelesen. Seine Überlegungen dazu spricht er laut aus.

Bei Ortswechseln werden zuerst die Handlungsorte gezeigt: Städte werden in einer Super-Totalen, Gebäude in einer Totalen oder Super-Totalen aus der Vogelperspektive gefilmt und leicht umkreist. Danach wird das Gebäude von oben nach unten abgeschwenkt, um schließlich aus der Untersicht seine imposanten Ausmaße zu demonstrieren. Währenddessen kommentiert Langdon die historischen Fakten der Architektur. Beim Betreten eines Interieurs wird der Raum von der Kamera um 180 Grad abgeschwenkt. Da der Film hauptsächlich bei Nacht spielt, ergeben sich interessante Licht- und Schattenspiele, das Geschehen ist jedoch dadurch für das Publikum manchmal schwer ersichtlich. Manchmal werden die Gesichter der Akteure zusätzlich mit Unterlicht beleuchtet, was unheimlich wirkt. Findet die Handlung in beleuchteten Räumen statt, herrscht meist ein schummriges Licht z.B. durch Kaminfeuer. Die mysteriöse Atmosphäre wird zusätzlich durch das beklemmende Bildformat 16:9 unterstrichen.

Da die zahlreichen komplexen Thesen von Dan Brown erklärt werden müssen und historische Abschweifungen auf die Tempelritter und die Prieuré zum Verständnis des Zuschauers notwenig sind, finden im Film viele Dialoge statt, was ihn etwas schwerfällig macht. Action-

Szenen, wie z.B. die Verfolgungsjagd mit Sophies Smart quer durch Paris, lockern das Geschehen auf. Dabei wird stets die Wackelkamera eingesetzt, um Authentizität zu erzeugen. Hier kommt auch wieder die beschleunigte Montage zum Einsatz, indem zwischen verschiedenen Bildern hin und her geschnitten wird, um Bewegung in die Handlung zu bringen. So wird bei der Verfolgungsjagd abgewechselt zwischen den Gesichtern von Robert und Sophie, dem Blick aus der Heckscheibe, rasenden Polizeiautos und dem Smart, der von der parallel fahrenden Kamera gefilmt wird. Teilweise wird bei solchen Szenen auch aus der Vogelperspektive und mit dem Reißschwenk gefilmt und für kurze Zeit die Schärfe weggenommen. Mithilfe der offenen Bildgröße wartet der Film mit Schockmomenten auf, meistens bei den Angriffen von Silas, der plötzlich aus dem Nichts ins Bild springt. Die meisten Szenen werden in einer flachen Schärfe, die immer eine Bildebene herausstellt, gezeigt. Durch die Schärfenverlagerung wird für Überraschungen gesorgt, wie z.B. in der Temple Church: Sophies Gesicht ist scharf im Bild zu sehen, der Hintergrund ist verschwommen. Als die Schärfe auf den Hintergrund verlagert wird, ist Silas zu erkennen, der daraufhin Sophie überfällt. Durch die zahlreichen verschiedenen Kameraperspektiven ist der Film von einer unglaublichen Dynamik geprägt. Diese wird durch den musikalischen Code, der von Hans Zimmer komponiert wurde, unterstützt. Die Melodie setzt in wichtigen Momenten, wie bei der Lösung eines Rätsels, ein. Auch bei der Schlussszene, bei der Robert beim Rasieren im Hotel Ritz auf das Versteck des Heiligen Grals kommt, setzt die Musik ein und steigert sich mit jeder neuen Erkenntnis, die Langdon zum Grab Maria Magdalenas führt: Langdon eilt die Rosenlinie entlang zum Louvre. Dort angekommen, wird zunächst La Pyramide aus der Untersicht herangezoomt, daraufhin folgt eine Totale des Louvre mit der Glaspyramide. Während Langdon den letzten Vierzeiler in Gedanken wiederholt, fährt die Kamera im Inneren des Louvre auf die Pyramide Inversée und die darunter stehende kleinere Pyramide zu, wodurch die Worte des Gedichtes mit den Bildern in Verbindung gebracht werden. Aus einer Vogelperspektive wird dem Publikum Roberts Aussicht durch die auf der Spitze stehende Glaspyramide geboten. Mit einem wissenden Gesichtsausdruck kniet er nieder, um in Gedanken Maria zu huldigen und schließt die Augen. Aus einer erneuten Vogelperspektive wird mit kreisender Kamera schnell nach unten gezoomt, durch die kleine Pyramide und durch den Boden des Louvre hindurch, bis Marias leuchtender Sarkophag in der Dunkelheit erscheint. Bei ihrem Gesicht angekommen, hört die Kamera auf zu kreisen und zeigt nochmals den ehrfürchtigen Langdon in der Nahaufnahme. Das Bild wird langsam abgeblendet und es folgt der Abspann.

2.2.2 Rollenbesetzung

2.2.2.1 Robert Langdon

Professor Robert Langdon wird von Tom Hanks gespielt. Er arbeitet nun bereits das dritte Mal mit Regisseur Ron Howard zusammen. In diesem Film spielt er jedoch etwas blass, da er dem Genre gehorchen muss. Langdon ist hier eher ein Skeptiker. Der Regisseur verfolgte damit jedoch eine bestimmte Absicht: „Ich wollte, dass er mehr die Leute repräsentiert, die ihre Hand heben und sagen: ‚Ist das euer Ernst?' Und wenn er dann langsam in die Verschwörung hineingezogen wird, dann kann ihm das Publikum auch eher folgen […]."[146] So stellt er auch bei Teabings scharfer Kritik an der Kirche die neutrale Partei dar, um die Vorwürfe zu entschärfen und gegen Ende des Films vertritt er sogar die Meinung, Jesus wäre Mensch UND Sohn Gottes gewesen, ganz im Gegensatz zum Robert Langdon aus der Romanvorlage. Howard wählte den Schauspieler aufgrund seines Könnens und dem vielfältigen Genre-Spektrum seiner bisher gespielten Rollen aus:

> „Als Gegenpol zu den klassischen Action-Helden, denn bei ihm geht es immer um den Charakter einer Figur. Jemand wie ‚Forrest Gump' hat nichts mit der Person zu tun, die er in ‚Der Soldat James Ryan' spielt. […] Er kann alles."[147]

2.2.2.2 Sophie Neveu

Sophie Neveu wird von Audrey Tautou verkörpert. Sie entspricht zwar nicht dem Aussehen der Romanvorlage, hat die Figur charakterlich jedoch perfekt getroffen. Sie ist sogar noch eine Spur temperamentvoller und sentimentaler als der literarische Charakter (z.B. als sie Silas im Flugzeug schlägt und ihn zum Geständnis auffordert), büßt dafür jedoch an Wissen ein, denn meist sind es Robert und Leigh, die die Geheimnisse lüften.

2.2.2.3 Sir Leigh Teabing

Für die Rolle des besessenen Gralsforschers Sir Leigh Teabing wurde ein echter Ritter besetzt: Sir Ian McKellen. Er mimt die beiden Gesichter Teabings perfekt: das sympathische und das skrupellose. Besonders

---

146 Ron Howard [zitiert nach Pauli, Harald: Erhellender Sprung ins Dunkle (Interview mit Ron Howard). In: Focus 19(2006), S. 87]

147 Ron Howard [zitiert nach Pauli, Harald: Erhellender Sprung ins Dunkle (Interview mit Ron Howard). In: Focus 19(2006), S. 88]

gut mimt er die Szene im Kapitelhaus und seine Abführung von der Polizei, bei der kein Zweifel aufkommt, dass der leidenschaftliche Gralssucher wahnsinnig geworden ist.

2.2.2.4 Weitere prominente Rollenbesetzung

Jean Reno in der Rolle des Bezu Fache (der Schauspieler diente dem Autor als Inspiration seiner Romanfigur[148]), Paul Bettany in der Rolle des Silas, Alfred Molina als Bischof Manuel Aringarosa und Jürgen Prochnow als André Vernet.

2.2.3 Der Film in der Kritik

Am 17. Mai 2006 eröffnete *The Da Vinci Code* die Filmfestspiele in Cannes. Der Film wurde außerhalb des Rennens um die Goldene Palme gezeigt. Die Filmkritiker kannten kein Pardon:

> „Hauptdarsteller Tom Hanks spielt für seine acht Millionen Pfund plus Beteiligung angeblich ‚hölzern', seine Partnerin Audrey Tautou nur ‚wenig besser'. Der ganze Film sei ein ‚schwerfälliges, überladenes Puzzle'."[149]

Wie bereits bei der Vorlage, ist man auch beim Film mit dem Ende unzufrieden, so ein Rezensent des *Mannheimer Morgen*:

> „Vor allem aber wird viel geredet, zu viel. Die opulenten Schauwerte [...] verkommen zur Kulisse, das Bild rückt hinters Wort und hemmt den Fluss der Geschichte. Die letzte halbe Stunde, die Auflösung ohne Höhepunkt, hätte man sich sparen können. Aber das trifft auch auf die Vorlage zu - und so bleibt ‚The Da Vinci Code - Sakrileg' typisches Retortenkino, das dem Roman in Nichts nachsteht."[150]

Ganz anders sieht dies die rheinische Kinozeitschrift *Kinopolis,* die für den Film als „die Sensation des Kinojahres" wirbt:

> „Atemholen ist möglich, aber erst nach dem Finale dieses Films, der Thrills per Minute bietet."[151]

---

148 Vgl. Teichmann, Bernd: Verdammt gut besetzt. In: Stern 19(2006), S.70

149 The Hollywood Reporter [zitiert nach: Paetow, Stephan: Das doppelte Missverständnis. In: Focus 21(2006), S. 152]

150 Hölzel, Gebhard: Verschwörung im Namen Jesu. In: Mannheimer Morgen. Vom 18.05.2006, S.3

151 Koberger, Peter: The Da Vinci Code - Sakrileg. In: Kinopolis (Mai 2006), S. 8

Auf heftigen Protest stieß der Film bei der Kirche. Amerikanische Kirchen führten eine Gegenoffensive durch: Unter dem Motto „Wahrheitskommissionen" veröffentlichten Katholiken Bücher, DVDs und Lehrmaterial, welche die angeblichen Fakten des Romans widerlegen und die wahre Geschichte von Jesus Christus erzählen. Die katholische Bischofskonferenz in den USA verweist auf ihrer Homepage www.jesusdecoded.com auf ebensolche Quellen und hat eine Fernsehdokumentation produziert, in der namhafte Theologen und Bibelexperten Dan Browns Thesen widerlegen.[152] Auch der Prediger des Vatikans hat sich am Karfreitag im Beisein von Benedikt XVI. sowohl gegen das Buch, als auch gegen den Film ausgesprochen. Durch die Darstellung des Opus-Dei-Mitglieds Silas, der im Plot einen brutalen, sich selbst geißelnden Mörder verkörpert, fühlt sich Opus Dei angegriffen und verlangte von dem Produzenten Sony Pictures, den Film mit dem Zusatz zu versehen, es handle sich um reine Fiktion oder die Organisation sogar komplett aus dem Film zu streichen. Beide Versuche schlugen fehl.[153] Dafür richteten sie auf ihrer Homepage eine Rubrik namens „Sakrileg/The Da Vinci Code" ein, um die angeblichen Irrtümer aufzudecken.[154] Dies alles stellte sich jedoch als eine hervorragende Promotion für den Film heraus.

3. Quervergleich zwischen Buch und Film

Dan Brown hat als Co-Produzent gemeinsam mit dem berühmten Drehbuchautor Akiva Goldsmann das Drehbuch geschrieben. Der Schriftsteller strebte zuerst eine Eins-zu-Eins-Kopie seiner Vorlage an, musste jedoch feststellen, dass dies den zeitlichen Rahmen des Films sprengen würde und kürzte, bzw. veränderte einige Sachverhalte.[155] Beispielsweise werden einige unwichtige Szenen herausgelassen und die Handlung durch Überspringen von Einzelheiten beschleunigt, z.B. wird die langwierige Recherche in der religionswissenschaftlichen Bibliothek durch eine schnelle Google-Suche mit dem Handy ersetzt. Außerdem existieren nur zwei statt drei Vierzeiler und nur ein Kryptex,

---

152 Vgl. Gegen eine Verfälschung. In: General-Anzeiger. Nr. 35267 vom 24.01.2006, S. 16

153 Vgl. Angst vorm „Da Vinci Code". Das Kino ist ein Teufelszeug. In: Frankfurter Allgemeine Zeitung. Nr. 92 vom 20.04.2006, S. 39

154 Vgl. Füser, Hans-Dieter: Opus Die. Eine Gesellschaft kämpft um ihren Ruf. In: Mannheimer Morgen. Vom 18.05.2006, S. 3

155 Vgl. Dan Brown musste die harte Schreibschulbank drücken. In: buchreport.magazin (Juni 2006), S. 97

um die verwirrende Schnitzeljagd nicht noch mehr zu verkomplizieren. Sophies Familiengeheimnis wird ebenfalls leicht abgeändert: Sie selbst saß auch im Auto bei dem Verkehrsunfall, bei dem sie ihre Familie verlor. Saunière, der übrigens nicht ihr Großvater, sondern lediglich der Großmeister der Prieuré ist, rettete sie damals aus dem Auto. Als letzte Überlebende der Nachkommenschaft Jesu wuchs sie unter dem Schutz der Bruderschaft bei Saunière auf. Den Nachweis für ihren Stammbaum erhält sie sogar schwarz auf weiß, als sie und Robert die Sangreal-Dokumente in der Roslin Chapel finden. Einziges verbleibendes Familienmitglied ist ihre Großmutter, die sie in der Kirche zusammen mit der Prieuré antrifft. In *The Da Vinci Code* besitzt Sophie sogar dieselben heilenden Kräfte wie Jesus Christus (durch Auferlegen ihrer Hände verliert Robert seine Klaustrophobie). Langdon und Sophie verbindet hier nach ihren gemeinsamen Erlebnissen jedoch keine Liebesbeziehung, sondern eine Freundschaft. Zudem erhält der Zuschauer – ganz im Gegensatz zum Leser – das Privileg, am Ende des Plots das Grab Maria Magdalenas sehen zu dürfen. Auch die Geschichte um Opus Dei erhält einen anderen Charakter: Bei seinem Treffen im Castel Gandolfo berichtet Aringarosa den vatikanischen Kardinälen von seiner Verbindung mit dem „Lehrer" und deren gemeinsamen Plan vom Raub des Heiligen Grals. Die Kardinäle stehen hinter der Entscheidung des Bischofs, wodurch der Vatikan tiefer als im Roman in die Intrige verstrickt ist. Trotz alledem wird der Kampf zwischen der Prieuré de Sion und Opus Dei in der Verfilmung nicht so deutlich wie im Buch. Das Filmbudget beläuft sich auf etwa 125 Millionen Dollar.[156] Ron Howard drehte den Film an realen Orten und Schauplätzen, bei denen er sich strikt an die Romanvorlage hielt. Von der Westminster Abbey erhielt er jedoch keine Drehgenehmigung, da die Kirchenoberen gegen die Verfilmung waren. Daher musste er auf die Kathedrale von Lincoln ausweichen, wo er den Schauplatz nachstellte.[157] Wie im Buch umfasst die erzählte Zeit zwei Tage. Da Ron Howard die historischen Rückblenden „kinohafter" gestalten wollte, hatte das Filmteam viel Arbeit mit den Computereffekten.[158] Er verwandelte die Volkshochschul-Passagen des Romans gekonnt in packende Bilder, so z.B. auch die Interpretation des „Letzten Abendmahls" als eine Art

---

156 Vgl. Vorausgesehen. In: buchreport.express 20(2006), S. 44

157 Vgl. Mönninger, Michael: Wo geht's hier zum Gral? In: DIE ZEIT. Nr. 20 vom 11.05.2006, S. 79

158 Vgl. Pauli, Harald: Erhellender Sprung ins Dunkle (Interview mit Ron Howard). In: Focus 19(2006), S. 88

Power-Point-Präsentation.[159] Die Botschaft des Films zielt auf ähnliche Aspekte wie die des Buches ab: Für Howard „unterstützt der Film die Vorstellung, dass Glaube und spirituelle Systeme etwas sehr persönliches sind. Sie sollten unser zweifelndes Wesen reflektieren".[160] Er wollte den Roman in nichts entschärfen, gleichzeitig jedoch betonen, dass es sich bei dem Film um reine Fiktion handelt.[161] Ron Howard hat in den Film neben den anderen zahlreichen Rätseln und Geheimbotschaften sogar einen eigenen Code namens „Da Duncan Code" eingebaut. In den Sets und Kulissen wurden Symbole angebracht, die im Verlauf des Films immer wieder auftauchen und Robert und Sophie auf ihrer Reise begleiten, erstmals zu Beginn des Films in Langdons Notizheft.[162] Trotz Browns Bemühungen stellt der Film eine illustrierende Literaturverfilmung dar, wie sie oft bei Weltliteratur zu finden ist, da der Plot im Wesentlichen übernommen wurde und auch in der gleichen Reihenfolge abläuft. Häufig fällt dem belesenen Zuschauer die Intertextualität auf, denn an vielen Stellen finden dieselben Dialoge wie im Mystery-Roman statt. Da die Botschaft des Romans optisch originell vom Regisseur umgesetzt wurde, liegt mit *The Da Vinci Code* jedoch gleichzeitig eine interpretierende Literaturverfilmung vor. Durch die Kürzungen und das schnelle Tempo des Films findet keine ausreichende Aufklärung der komplexen Beziehungsgeflechte und Intrigen statt. Um den Film vollständig zu verstehen und entspannt genießen zu können, ist es empfehlenswert, zuvor den Roman gelesen zu haben.

159 Vgl. Wolf, Martin: Limonade statt Zitronen. In: Der Spiegel 20(2006), S. 190

160 Ron Howard [zitiert nach Pauli, Harald: Erhellender Sprung ins Dunkle (Interview mit Ron Howard). In: Focus 19(2006), S. 87]

161 Vgl. Pauli, Harald: Erhellender Sprung ins Dunkle (Interview mit Ron Howard). In: Focus 19(2006), S. 87

162 Vgl. ebd. S. 88

IV. Der Club Dumas

1. Der Roman *Der Club Dumas*

Abbildung 5: Der Club Dumas

1.1 Leben und Werk des Autors Arturo Pérez-Reverte

Abbildung 6: Arturo Pérez-Reverte

„Ich bin Schriftsteller, weil mir das Probleme löst."
(Arturo Pérez-Reverte)[163]

Der spanische Schriftsteller Arturo Pérez-Reverte wurde am 25. November 1951 in Cartagena geboren[164] und wuchs in einer Seefahrerfamilie auf.[165] Als Kind lernte er fechten, was sich später in seinen Mantel-und-Degen-Geschichten niederschlug, so z. B. in *El Husar* (1986) und *Der Fechtmeister* (1988), der ihn zum Bestseller-Autor machte. Au-

---

163 Arturo Pérez-Reverte [zitiert nach Burghardt, Peter: Stiller Poet auf den Wellen des Erfolgs. In: Süddeutsche Zeitung. Nr. 183 vom 10.08.2001, S.3]

164 Vgl. Wikipedia: Arturo Pérez-Reverte, 19.08.2006. – www.wikipedia.org/wiki/Arturo_Pérez-Reverte, 22.08.2006

165 Vgl. Bertsch, Ariane: vom segeln und reihern. In: Frankfurter Rundschau. Vom 01.09.2001

ßerdem erbte er die achttausend Bände umfassende Bibliothek seines Großvaters, wodurch er schon früh mit Büchern in Berührung kam.[166] Ab 1973 arbeitete er als Sonderkorrespondent für den spanischen Staatssender TVE (Television Española) und als Journalist für die Tageszeitung Pueblo und berichtete über sämtliche Konflikte, angefangen beim Jom-Kippur-Krieg über Beirut, Nicaragua, Somalia, dem Libanon, dem Irak bis hin zu Angola. Als bei seinem letzten Einsatz 1994 in Sarajevo Heckenschützen zum Spaß Kinder erschossen, beendete er seine aktive journalistische Laufbahn. Für seine Reportagen erhielt er den Preis des Prinzen von Asturien.[167] Seitdem ist ihm die Welt verhasst: „Wenn ich vorher wusste, dass der Mensch ein Hurensohn ist, so hatte ich in Sarajevo die absolute Gewissheit."[168] Danach zog sich Pérez-Reverte auf seine selbst entworfene Yacht „Corso" zurück, wo er begann seine historischen Bestseller-Romane zu schreiben.[169] Dabei geht es ihm nicht um Ruhm oder Geld, sondern er betrachtet das Schreiben als „Therapie der eigenen Seele".[170] Seine Romane, die meist geheimnisvolle Botschaften in Büchern, Bildern oder Karten beinhalten, wurden in Deutschland, Frankreich, Spanien, Südamerika und den USA in Millionenauflagen verkauft.[171] Trotzdem schreibt er seit 1991 weiterhin regelmäßig Kolumnen für die Zeitschrift El Semanal, die als Wochenbeilage in 25 spanischen Tageszeitungen erscheint. Seine Erlebnisse als Kriegsreporter hat er in *Territorio Comanche* und dem Roman *Pintor de Batallas* (2006) verarbeitet.[172] Aber auch in seinen anderen postmodernen Abenteuerromanen lässt er stets seinen Weltschmerz mit einfließen: „Ich schreibe immer das gleiche Buch: Es handelt von einem Menschen, der die Welt nicht mag, die er vorfindet. Das bin ich."[173] So auch

---

166 Vgl. I., P.: Bart und Degen. In: Frankfurter Allgemeine Zeitung. Nr. 21 vom 25.01.2003, S. 33

167 Vgl. Burghardt, Peter: Stiller Poet auf den Wellen des Erfolgs. In: Süddeutsche Zeitung. Nr. 183 vom 10.08.2001, S.3

168 Arturo Pérez-Reverte [zitiert nach Burghardt, Peter: Stiller Poet auf den Wellen des Erfolgs. In: Süddeutsche Zeitung. Nr.183 vom 10.08.2001, S.3]

169 Vgl. Bertsch, Ariane: vom segeln und reihern. In: Frankfurter Rundschau. Vom 01.09.2001

170 Arturo Pérez-Reverte [zitiert nach Brand, Jobst-Ulrich: Auf Tiefgang. In: Focus 42(2001), S.142]

171 Vgl. Compart, Martin: Die Welt der augenlosen Toten. – evolver.at/?story =743, 23.08.2006

172 Vgl. Wikipedia: Arturo Pérez-Reverte, 19.08.2006. – www.wikipedia.org/ wiki/Arturo_Pérez-Reverte, 22.08.2006

173 Arturo Pérez-Reverte [zitiert nach Compart, Martin: Die Welt der augenlosen Toten. – evolver.at/?story=743, 23.08.2006]

in seinem bekanntesten Roman *Der Club Dumas*, mit dem er sich in Deutschland einen Namen machte. Der Romanheld, der auf der Jagd nach einem satanischen Buch und einem Dumas-Manuskript ist, sieht die Welt genau so zynisch wie Arturo Pérez-Reverte. Sein Buch erschien 1993 und stieß auf so große Begeisterung, dass es 1999 vom Regisseur Roman Polanski mit dem Titel *Die neun Pforten* verfilmt wurde.[174] Daraufhin wurden weitere seiner Romane für die Leinwand adaptiert: der Roman *Geheimnis der schwarzen Dame* (1993 mit dem Grand prix de littérature policière ausgezeichnet) erschien im Kino unter dem Titel *Geheimnisse* mit Kate Beckinsale in der Hauptrolle. In diesem Jahr wurde der erste Roman seiner *Alatriste*-Reihe (Ersterscheinung 1996) mit Viggo Mortensen in der Hauptrolle verfilmt.[175] Im Januar 2003 wurde der Autor in die Real Academia Española, die Königlich-Spanische Akademie der Sprache, welche Philologen, Linguisten, Geisteswissenschaftler und Schriftsteller versammelt, aufgenommen.[176] Arturo Pérez-Reverte lebt heute mit seiner Frau und seinem Kind in Torrevieja und in den Madrider Bergen, wo er Häuser besitzt, die meiste Zeit verbringt er jedoch immer noch auf seinem Schiff.[177]

1.2 Interpretation

1.2.1 Inhaltsabriss

Der Roman beginnt mit einer polizeilichen Untersuchung: Enrique Taillefer, bekannter Verleger für Kochbücher und leidenschaftlicher Bibliophiler, hat sich mit dem Gürtel seines Morgenmantels an der Wohnzimmerlampe erhängt. Taillefer hat kurz vor seinem Tod ein Manuskript namens „Le vin d'Anjou" – Kapitel 42 der „Drei Musketiere" – von Alexandre Dumas an den Buchhändler Flavio La Ponte verkauft.

Lucas Corso, ein Bücherjäger für antiquarische Exemplare, erweist seinem Freund und Geschäftspartner La Ponte einen Gefallen, indem er

---

174 Vgl. krimicouch: Arturo Pérez-Reverte. – www.krimi-couch.de/krimis/arturo-perez-reverte.html, 23.08.2006

175 Vgl. Wikipedia: Arturo Pérez-Reverte, 19.08.2006. – www.wikpedia.org/wiki/Arturo_Pérez-Reverte, 22.08.2006

176 Vgl. I., P.: Bart und Degen. In: Frankfurter Allgemeine Zeitung. Nr. 21 vom 25.01.2003, S.33

177 Vgl. Burghardt, Peter: Stiller Poet auf den Wellen des Erfolgs. In: Süddeutsche Zeitung. Nr. 183 vom 10.08.2001, S.3

nachprüft, ob sein Dumas-Manuskript ein Original ist. Dazu trifft er sich mit dem Dumas-Experten Boris Balkan, der im Übrigen ein großer Literaturkritiker und Schriftsteller ist. Balkan kann ihm leider nicht weiterhelfen, verweist ihn jedoch an das Antiquariat seines Freundes Replinger in Paris. Am darauf folgenden Tag trifft Corso sich mit dem Antiquar und Bibliophilen Varo Borja, der ihm einen Auftrag erteilt: Es handelt sich um das „Buch der neun Pforten ins Reich der Schatten", welches 1666 von dem Buchdrucker Aristide Torchia in Venedig herausgegeben wurde. Es stellt eine Anleitung zur Beschwörung des Teufels dar und enthält neun Holzschnitte, die der Drucker aus dem Buch der Schwarzen Magie „Delomelanicon", dessen Verfasser angeblich der Teufel selbst ist, reproduziert hat. Wer die Bildtafeln mithilfe des verschlüsselten lateinischen Textes richtig zu deuten vermag, ist in der Lage, den Teufel zu rufen und einen Pakt mit ihm zu schließen, der dem Menschen Macht und Weisheit verleiht. Torchia wurde im Zuge der Inquisition am 17. Februar 1667 aufgrund von Teufelskünsten auf dem Scheiterhaufen verbrannt. Sämtliche Auflagen des Buches wurden ebenfalls verbrannt. Unter den schrecklichen Qualen der Folterung gestand Torchia aber, dass noch ein Exemplar existiere. Schließlich fand man sogar drei Exemplare, die im Verlauf von Kriegen, Diebstählen und Bränden auf- und untertauchten. Heute befinden sich die drei Bücher im Besitz von Varo Borja in Toledo, Victor Fargas in Sintra und der Baronin Frida Ungern in ihrer Stiftung in Paris.

Corso soll nun herausfinden, welches Exemplar der „Neun Pforten" das echte ist. Dieses Exemplar soll er in seinen Besitz bringen, gleichgültig auf welche Art. Bevor er sich auf seine Reise nach Sintra begibt, besucht der Bücherjäger in Madrid die Brüder Pablo und Pedro Ceniza – Buchbinder und Restauratoren antiquarischer Bücher –, die das Exemplar Varo Borjas kürzlich zur Restauration bei sich hatten. Sie weisen Corso auf die mikroskopisch kleinen Initialen am Ende eines jeden Holzschnittes hin: inv. steht für invenit (der Maler, der den Holzschnitt entworfen hat) und sculp. für sculpsit (den Holzschneider). A. Torchia hat zwar alle Bildtafeln geschnitten, jedoch nur sieben davon selbst entworfen. Die anderen beiden stammen von einem Maler mit den Initialen L. F. (Luzifer).

In Sintra und Paris untersucht Corso die Exemplare von Victor Fargas und der Baronin Frida Ungern, die beide kurz nach seinem Besuch tot aufgefunden werden. Außerdem wurden bei ihren Exemplaren die Holzschnitte entfernt. Corso wird mittlerweile als Hauptverdächtiger von der Polizei gesucht. Bei seinen Recherchen hat Corso herausgefunden, dass sich die drei Exemplare durch minimale Abweichungen in den Holzschnitten unterscheiden. Alle Bildtafeln, die Abweichungen aufweisen, haben den Inventor L. F., d.h., dass jede Tafel, die sich durch ein Detail von den beiden anderen Pendants unterscheidet, Luzifer als Maler hat. Demnach hatte Torchia recht: Es existiert tatsächlich nur noch ein Exemplar, jedoch verteilt auf drei Bücher. Fügt man die richtigen Bildtafeln zusammen, besitzt man das Original. Die einzige Tafel, die keine Unterschiede in allen drei Exemplaren aufweist, ist die neunte. Corso will Borja über die letzten Ereignisse aufklären, erreicht ihn aber nicht. Im Antiquariat Replinger in Paris erfährt Corso, dass das Manuskript tatsächlich von Alexandre Dumas dem Älteren stammt und dass dieser einen Gehilfen namens Auguste-Jules Maquet hatte, der die Vorarbeit seiner Geschichten leistete. Er recherchierte Hintergrundinformationen und schrieb die erste Fassung, bevor Dumas die Geschichte vollendete.

Auf seiner Reise lernt Corso Irene Adler kennen, ein junges Mädchen, das nicht mehr von sich verrät als ihren Namen und sich selbst als den „verliebten Teufel" bezeichnet. Sie scheint die komplexe Geschichte, in die Corso verwickelt ist, zu durchschauen, klärt ihn aber nicht auf. Irene rettet Corso mehrmals auf mysteriöse Weise das Leben, als er von einem Mann angegriffen wird, dessen Gesicht durch eine markante Narbe gezeichnet ist. Die beiden kommen sich im Verlauf der Geschichte immer näher und nach einem Liebesakt im Hotelzimmer sind sie ein Paar. Auch Liana Taillefer, die Witwe des Verlegers, trachtet Corso nach dem Leben, da sie das Dumas-Manuskript zurück haben will, was sie letztendlich mithilfe Flavio La Pontes als Köder und dem Narbengesicht als Angreifer auch schafft. Jedoch befand sich in Corsos Tasche auch „Die neun Pforten". Da beides gestohlen wurde, sieht Corso einen Zusammenhang zwischen den „Neun Pforten" und dem Dumas-Manuskript. Nachdem Corso seinen Freund Flavio über die letzten Ereignisse aufgeklärt hat, fahren sie nach Meung-sur-Loire, um das Manuskript und das Buch zurück zu ergattern (Irene fand den Hinweis auf den Aufenthaltsort der Diebe im Buch „Die drei Musketiere"). Nach einem erbitterten Kampf mit Liana und dem Narbengesicht, findet sich Corso in der Burg „Château de Meung-sur-Loire" wieder, wo er zu seiner Überraschung Boris Balkan antrifft, der ihm den „Club Dumas" vorstellt. Zahlreiche berühmte Persönlichkeiten aus aller Welt sind Mitglied dieses Clubs, darunter auch Replinger. Sie stellen eine geheime literarische Vereinigung, einen Fan-Club von Dumas und dessen Werken, dar. Ihre Aufgabe besteht darin, die Wiederveröffentlichung und Verbreitung der Werke vergessener Autoren im Pariser Verlag „Dumas & Co" zu fördern. Balkan ist der Gründer und Koordinator jener Gesellschaft. Jeder der 67 Mitglieder besitzt ein Kapitel des Dumas-Manuskripts. Verstirbt ein Mitglied oder steigt es aus dem

Club aus, geht sein Manuskript an die Gesellschaft zurück und wird einem neuen Anwärter zugeteilt. Enrique Taillefer wollte seinen Fortsetzungsroman „Die Hand des Toten oder der Page Annas von Österreich" im Verlag „Dumas & Co" veröffentlichen lassen. Balkan stimmte jedoch nicht zu, da er Plagiat betrieb. Zudem stellte sich heraus, dass Boris eine Affäre mit Liana hat. Daraufhin hatten Balkan und Taillefer einen Streit, der mit einer Drohung Enriques endete: Er wollte sein Dumas-Manuskript mit der Rohfassung von Maquet veröffentlichen, um der Welt zu zeigen, dass Dumas kein guter Schriftsteller war. Deshalb verkaufte er es an Flavio La Ponte, um es in Umlauf zu bringen. Danach erhängte er sich selbst. Nun wollten Liana und Boris das Manuskript für die Aufnahme des Narbengesichts in den Club wiedererlangen. Sie machten sich ein Abenteuer daraus, „Die drei Musketiere" nachzuspielen: Liana war die Milady, das Narbengesicht Làszlo Nicolavič – in Wahrheit ein Schauspieler – spielte die Rolle des Rochefort, Balkan war Richelieu und Corso stellte den d'Artagnan dar.

Mit einem Gefühl der Enttäuschung, nicht hinter das Geheimnis der „Neun Pforten" gekommen zu sein, fährt Corso mit Irene und Flavio zurück nach Madrid, wo er Flavio absetzt. Er und Irene fahren weiter an den Rand einer namenlosen Stadt, die der auf den Holzschnitten stark ähnelt. Endlich gibt sich Irene zu erkennen: Sie ist ein gefallener Engel. Ihre Funktion war es, auf das Buch der „Neun Pforten" aufzupassen und Corso den richtigen Weg zu weisen. Lucas überquert die Brücke, betritt die Stadt und klopft an einem Haus, das ihm von Varo Borja geöffnet wird. Borja – Mörder von Fargas und Ungern – ist gerade dabei eine Teufelsbeschwörung mithilfe der entwendeten Holzschnitte durchzuführen. Er ordnet die Holzschnitte in einer bestimmten Reihenfolge an, um daraufhin die Sätze zu erhalten, mit denen man den Teufel ruft. Danach verbrennt er die Bildtafeln. Er ruft den Teufel mehrmals, doch es funktioniert nicht, da die Brüder Ceniza bei ihrer Restauration die letzte Bildtafel gefälscht haben, weswegen sie auch keine Abweichung zu den anderen Tafeln aufweist. Als Corso das Haus verlässt, umgibt ihn ein grelles Licht, das aus den Augen des gefallenen Engels kommt und er hat keinen Schatten mehr. Corso hat es geschafft, den Teufel zu beschwören, ohne es zu wissen. Er hat sich an alle Regeln gehalten.

1.2.2 Struktur und Erzählperspektive

Der Roman umfasst 467 Seiten, die in 16 Kapitel aufgeteilt sind. Diese sind nicht nur nummeriert, sondern besitzen Überschriften, die bereits den Inhalt andeuten. Direkt im Anschluss an die Überschriften findet sich in jedem Kapitel ein Zitat aus den Büchern verschiedener Schriftsteller, die inhaltlich ebenfalls zu dem jeweiligen Kapitel passen. Besonders oft kommt selbstverständlich „Die drei Musketiere" von Dumas vor, da Corso diese Geschichte schließlich nachspielt. Das Buch enthält auch ein Glossar, in dem die antiquarischen Fremdwörter zum Verständnis des Lesers erklärt werden. Vor dem ersten Kapitel befindet sich die Auftaktszene mit der polizeilichen Untersuchung zu Enrique Taillefers Selbstmord. Diese Szene wird vorangestellt, da die Ereignisse um das Dumas-Manuskript und um den Club Dumas erst damit angestoßen werden. Für diesen Teil der Geschichte ist dies somit die Schlüsselszene. Sie besitzt als einziger Teil des Buches ein neutrales Erzählverhalten. Im ersten Kapitel stellt sich daraufhin der Erzähler vor: Boris Balkan. Er erzählt zunächst aus der auktorialen Ich-Perspektive und wechselt nach kurzer Zeit zum auktorialen Er-Erzähler. Immer wenn Corso Balkan trifft, wechselt die Erzählperspektive vom Er- zum Ich-Erzähler. Da Balkan jedoch zusätzlich an der Geschichte beteiligt ist, übernimmt er sowohl die Rolle des erzählenden, als auch des erlebenden Ichs. In der Szene des „Château de Meung-sur-Loire", als Balkan seine Rolle in der Geschichte zu erkennen gibt, hat der Wechsel eine überraschende Funktion für den Leser:

> „Hinter dieser Tür erwartete ihn (Corso) die Lösung des Rätsels, und er schickte sich an, ihr entschlossen entgegenzutreten: mit zusammengebissenen Zähnen, in einer Hand die Taschenlampe, in der anderen das Messer Rocheforts, das mit einem bedrohlichen ‚Klack' aufsprang. Und genauso sah ich Corso eine Sekunde später in die Bibliothek eintreten: mit gezücktem Messer, wild zerzaustem, nassem Haar und Augen, aus denen mörderische Entschlossenheit aufblitzte."[178]

Der Leser hält Balkan bis zu diesem Wendepunkt lediglich für einen Erzähler, der Corso kennt. Jetzt sieht er ihn in die Intrige um Corso verstrickt. Seine Rolle als auktorialen Er-Erzähler erklärt er dem Leser damit, dass Corso ihm die Geschichte berichtet hat und er sie dem Leser aus dessen Sicht erzählen will, um die Geschichte selbst nacherleben zu können:

---

[178] Pérez-Reverte, Arturo: Der Club Dumas. 9. Aufl. Goldmann, 1997. S. 404 f

„Was ich Ihnen hier berichte, mag alles etwas konfus erscheinen, aber vergessen wir nicht, dass die ganze Situation aus Corsos Sicht damals tatsächlich verwirrend war. [...] Da ich mir aber vorgenommen habe, die Geschichte aus Corsos Sicht zu erzählen, bin ich gezwungen, [...] mich innerhalb der engen Grenzen zu bewegen, die Corsos Vorstellungsvermögen gesetzt waren."[179]

In diesem Sinne übernimmt Balkan teilweise den Standpunkt eines personalen Er-Erzählers. Das zeigt sich unter anderem darin, dass er auch die Gedanken und Gefühle von Lucas Corso beschreibt. Balkan will die Geschichte im Stil eines Detektivromans erzählen:

„Treu dem Prinzip, dass der Leser in Detektivromanen über dieselben Informationen verfügen muß wie der Held der Geschichte, habe ich mich bemüht, die Ereignisse aus der Sicht Lucas Corsos zu schildern."[180]

Als auktorialer Erzähler weiß Balkan über vergangene und zukünftige Ereignisse Bescheid. Durch zwischenzeitliche Kommentare entsteht ein Gespräch mit dem Leser. Durch jene Kommentare, aber auch durch Rückblenden auf Corsos Beziehung mit seiner Ex-Freundin Nikon, kann Balkan Corso direkt charakterisieren. Die Erzählzeit deckt sich größtenteils mit der erzählten Zeit im Roman.

1.2.3 Hauptthemen und Motive

1.2.3.1 Der „Club Dumas" als Geheimgesellschaft

Im Gegensatz zu den beiden anderen in dieser Arbeit behandelten Romanen ist diese Geheimgesellschaft frei erfunden. Der einzige Aspekt, der hier der Realität entspricht, ist, dass es den Schriftsteller Alexandre Dumas wirklich gab. Der „Club Dumas", der die Wiederveröffentlichung und Verbreitung von den Werken Dumas und von denen anderer vergessener Autoren im Verlag „Dumas & Co" fördert, existiert in Wahrheit jedoch nicht. Die literarische Vereinigung erfüllt aber alle Merkmale einer typischen Geheimgesellschaft: Seine Mitglieder sind alle Personen, die einen hohen Rang besitzen – Politiker, Verleger, Antiquitätenhändler, Filmregisseure, Millionäre, Literaturkritiker, Professoren und Schriftsteller – und stammen aus allen Teilen der Welt. Somit verfügt die Gesellschaft über ein weltweites Beziehungs-

---

[179] Pérez-Reverte, Arturo: Der Club Dumas. 9. Aufl. Goldmann, 1997. S. 127

[180] Pérez-Reverte, Arturo: Der Club Dumas. 9. Aufl. Goldmann, 1997. S. 406

netz und ist sehr einflussreich. Die Öffentlichkeit kennt zwar den Pariser Verlag, jedoch nicht den Club. Die Mitglieder stellen sich durch ihre Club-Aktivitäten nicht ins Rampenlicht, ihre Namen werden geheim gehalten. Ihr Ritual besteht darin, sich einmal im Jahr zu einer Vollversammlung zu treffen, um wichtige Ziele zu besprechen und gemeinsam Erfolge zu feiern. Anwärter, die dem Club beitreten wollen, müssen erst durch harte Arbeit und Loyalität das Vertrauen des Gründers Boris Balkan gewinnen. Er verfügt über die notwendigen Mittel, um für Corso die Geschichte der „Drei Musketiere" wahr werden zu lassen. Viele der Szenen aus „Die drei Musketiere" ereignen sich nun in Corsos Leben: Der Angriff des Narbengesichts auf Corso auf dem Weg zum Louvre findet sich beispielsweise bei Dumas in Kapitel 11, als Rochefort d'Artagnan töten will.[181] Im Zusammenhang mit Rochefort kommt es zu mehreren Angriffen und Verfolgungsjagden. Sogar die örtlichen Begebenheiten stimmen überein: das Finale spielt sich in Meung-sur-Loire am 1. April ab. Der Bücherjäger kann Realität und Fiktion nicht mehr auseinander halten und sieht sich in eine Intrige verstrickt. Corso misst der Vereinigung jedoch mehr Einfluss bei, als sie tatsächlich besitzt, da er eine Verbindung zu den „Neun Pforten" sieht und auch die damit zusammenhängenden Morde zunächst dem „Club Dumas" zurechnet. Dieser Eindruck entsteht bei ihm, da sich zufällig einige Begebenheiten ähneln, z.B. sammelte Dumas selbst Bücher der Schwarzen Magie und hatte eine Liebhaberin, die eine Anhängerin des Okkultismus war. Zudem erinnert eine Abbildung der „Drei Musketiere" an einen der neun Holzschnitte aus dem „Buch der neun Pforten".[182] Am Ende des Romans wird die Intrige jedoch als Spiel entlarvt. Die Absichten der Gesellschaft sind harmlos, sie verehren lediglich Dumas und seine zeitgenössischen Autoren. Der Club verliert damit seine Bedrohlichkeit für Corso und die phantastischen Elemente, die mit diesem Teil der Geschichte zusammenhängen, werden logisch erklärt. Der andere, übernatürliche Teil der Geschichte besteht aus den „Neun Pforten".

---

181 Vgl. Pérez-Reverte, Arturo: Der Club Dumas. 9. Aufl. Goldmann, 1997. S. 326 f

182 Vgl. ebd. S. 390 f

1.2.3.2 Luzifer und die Schnitzeljagd um „Die neun Pforten"

Ein weiteres Motiv des Mystery-Romans ist Luzifer. Hier taucht der Leser in eine Phantasiewelt ein. Um den Teufel zu beschwören, muss man das Rätsel der „Neun Pforten" lösen: Die Originalholzschnitte von Luzifer befinden sich in drei scheinbar identischen Exemplaren, die es gilt, zu identifizieren und richtig zusammenzufügen. Sie stellen Hieroglyphen, bzw. Chiffren dar. Corso und der Leser begeben sich auf eine Schnitzeljagd durch halb Europa. Der Bücherjäger untersucht die beiden anderen Exemplare in Portugal und Frankreich und identifiziert die Originalholzschnitte durch ein Verfahren, das an die Fehlersuche in Bildern aus Rätselheften erinnert. Da die Holzschnitte im Roman abgebildet sind, hat der Leser die Möglichkeit mit zu raten. Auch das „Buch der neun Pforten" selbst ist mit zahlreichen Symbolen ausgestattet: Der Einband trägt ein Pentagramm, und das Druckerzeichen auf der Titelseite besteht aus einer Schlange - eine Metapher für den Teufel –, die sich um einen Baum windet. Daneben erhält Corso Informationen von Nebenfiguren des Romans, die ihn immer näher zu der Lösung des Rätsels hinführen. Im Verlauf der Erzählung begibt sich Corso immer mehr in Gefahr: Die Besitzer der Exemplare in Portugal und Frankreich werden getötet und Corso wird von der Polizei als Mörder gesucht. Dadurch ist er ständig auf der Flucht. Um Victor Fargas Ausgabe zu erlangen, überschreitet er die Grenze der Legalität: Er beauftragt einen korrupten Polizisten, das Buch zu stehlen. Um seine Unschuld zu beweisen und sein Leben zu retten, muss er das Geheimnis der „Neun Pforten" lüften. Doch die Handlung wird noch phantastischer: Mit dem Beginn seiner Recherchen lernt er Irene Adler, einen gefallenen Engel, kennen, von dem ein strahlendes Licht ausgeht und der mystische Kräfte besitzt. Das Mädchen wird zu seinem Schutzengel. Sie ist es auch, die Corso für den Pakt mit dem Teufel auserwählt. In einer der lateinischen Übersetzungen heißt es: „Ich werde deine Diener, meine Brüder, an einem Merkmal erkennen, das sie an irgendeiner Stelle ihres Körpers tragen, hier oder dort, eine Narbe oder ein Zeichen, das du ihnen aufgeprägt hast."[183] Die Hexe prägt Corso dieses Zeichen auf, als sie ihm mit ihren blutigen Fingern vier rote Streifen über sein Gesicht zeichnet.[184] Am Ende des Romans findet sich der Bücherjäger in einer namenlosen Stadt wieder, die der auf den Holzschnitten stark ähnelt. Er durchschreitet die neunte Pforte: die Tür ei-

183 Pérez-Reverte, Arturo: Der Club Dumas. 9. Aufl. Goldmann, 1997. S. 311

184 Vgl. Pérez-Reverte, Arturo: Der Club Dumas. 9. Aufl. Goldmann, 1997. S. 339

nes Hauses, in dem Varo Borja eine Teufelsbeschwörung durchführt. Diese enthält viele magische Elemente: Überall brennen Kerzen, es riecht nach Weihrauch und auf dem Boden verteilt liegen die neun Originalholzschnitte und Bücher der Schwarzen Magie und Dämonologie. Die Beschwörung findet innerhalb eines Kreidekreises statt, der von zahlreichen Gegenständen umgeben ist. Borja verbrennt die Holzschnitte und wiederholt monoton die lateinische Spruchformel.[185] Nach dem Scheitern der Beschwörung wird er wahnsinnig. Corso dagegen hat durch Befolgen der Spielregeln schon einen Pakt mit dem Teufel geschlossen: Im strahlenden Licht von Irene bewegt er sich auf diese zu, wohl wissend, dass sie beide nun gemeinsam glücklich sein können. Der Teufel wird demnach nicht als etwas Böses dargestellt, sondern als Erkenntnis und Freiheit. Am besten wird er vom gefallenen Engel definiert:

> „Der Teufel kann verschiedene Gestalten annehmen. Oder Erscheinungsformen. [...] das Wissen und die Schönheit, [...] oder die Macht und den Reichtum. [...] Und was den Teufel betrifft, so ist er nur der Zorn Gottes [...]."[186]

1.2.4 Protagonisten

1.2.4.1 Lucas Corso

Zu Lucas Corsos Beruf als Bücherjäger gehören Redegewandtheit, ein gutes Reaktionsvermögen, Skrupellosigkeit, Geduld und ein hervorragendes Gedächtnis. Er ist sehr intelligent: Es gibt kein Buch, das Corso nicht gelesen hätte. Sein Kundenkreis ist klein und erlesen.[187] Im Gespräch mit seinen Auftraggebern und Kunden ist jede seiner Reaktionen genau abgeschätzt. Je nach Situation setzt er ein angemessenes Gesicht auf,[188] wodurch er je nach Bedarf zynisch, hilflos, aggressiv oder naiv wirken kann.[189] Durch diesen Trick hat er schon so manchen hereingelegt. Corso ist „ein knallharter Typ"[190] und nur auf seinen eigenen Vorteil bedacht. Mitleid kennt er nicht. Er ist von Natur aus skeptisch[191]

---

185 Vgl. ebd. S. 450 ff

186 Pérez-Reverte, Arturo: Der Club Dumas. 9. Aufl. Goldmann, 1997. S. 443

187 Vgl. Pérez-Reverte, Arturo: Der Club Dumas. 9. Aufl. Goldmann, 1997. S. 10

188 Vgl. ebd. S. 11

189 Vgl. ebd. S. 24

190 Pérez-Reverte: Der Club Dumas. 9. Aufl. Goldmann, 1997. S. 15

191 Vgl. Pérez-Reverte: Der Club Dumas. 9. Aufl. Goldmann, 1997. S. 134

und sehr ernst. Hat er nach monatelanger Jagd endlich ein Buch ergattert, freut er sich nicht darüber, sondern empfindet lediglich Ruhe.[192] Lucas Corsos Auftreten hat etwas von einem Vagabunden: Er trägt eine Brille, die leicht verbogen ist, Mokassins, Kordhosen und einen alten Mantel, in dem er Bücher, Kataloge, Notizen und seinen Flachmann mit Bols Gin aufbewahrt. Corso raucht ebenso gerne wie er trinkt.[193] Er ist mager und seine Haare sind ungekämmt und an manchen Stellen bereits ergraut. Er trägt stets seine Segeltuchtasche mit sich herum, in der sich seine ganze Welt befindet: Aspirintabletten, Notizhefte und Kugelschreiber, ein Schweizer Offiziersmesser, sein Pass und sein Telefonbuch, Geld und eigene, sowie bestellte Bücher. In jener Tasche und in seinem Mantel befindet sich alles, was er besitzt und was ihm etwas bedeutet.[194] Corso lebt alleine. Das einzig wichtige, was sich in der Wohnung des Fünfundvierzig-Jährigen befindet, ist der Säbel der Alten Garde, in der sein Großvater gekämpft hat. Er spielt oft die napoleonischen Kriege nach und ist „[...] ohne weiteres in der Lage, auf einem Spielbrett aus dem Gedächtnis die Schlachtordnung vor Waterloo exakt nachzustellen".[195] Der Bücherjäger besitzt keine Fotos oder sonstige private Gegenstände in seiner Wohnung.[196] Die einzige Frau, die er je geliebt hat, war Nikon, seine Ex-Freundin. Sie hat ihn vor einigen Jahren verlassen, weil er keine Kinder wollte und sie mit seinem verschlossenen Charakter nicht zurechtkam. Er trauert ihr immer noch nach und sie ist sein einziger wunder Punkt. Im Verlauf der Geschichte verändert sich Corso jedoch. Dies liegt zum einen an dem Dumas-Manuskript und an den „Neun Pforten", einschließlich der Ereignisse, die damit zusammenhängen, und zum anderen an Irene Adler. Das Abenteuer, in das Corso hineingerät macht ihn vom Henker und Außenstehenden, der er normalerweise ist, zum Opfer und Angel- und Mittelpunkt der Geschichte. Er verliert die Kontrolle. Da er Realität und Fiktion nicht mehr auseinander halten kann, folgen seine Gedanken nicht mehr einer strengen Logik[197] und er wird abenteuerlustig. Als er Irene kennen lernt, kommen in ihm Stück für Stück alle gemeinsamen Erinnerungen mit Nikon hoch, denn Irene und seine Ex-Freundin haben einige Gemeinsamkeiten und Corso beginnt für den gefallenen Engel widerstrebend Gefühle zu entwickeln. Durch Irene

---

[192] Vgl. ebd. S. 325

[193] Vgl. ebd. S. 12

[194] Vgl. ebd. S. 89

[195] Pérez-Reverte, Arturo: Der Club Dumas. 9. Aufl. Goldmann, 1997. S. 24

[196] Vgl. Pérez-Reverte, Arturo: Der Club Dumas. 9. Aufl. Goldmann, 1997. S. 56

[197] Vgl. ebd. S. 127

kann er endlich die Trennung von Nikon verarbeiten und ist offen für eine neue Beziehung. Auch sein Wesen verändert sich dadurch: Er wird einfühlsam („Es war, als wäre er innen weich, wie ein Kaubonbon"[198]), akzeptiert Unerklärliches und lernt durch sie, einem anderen Menschen zu vertrauen. Corso, der sonst sich selbst genügt, hat plötzlich Angst Irene zu verlieren.[199] Er wird zu einem Menschen mit Emotionen. Und nur dieser Corso ist in der Lage, dem gefallenen Engel durch die neunte Pforte zu folgen.

1.2.4.2 Irene Adler

Die schöne Irene Adler hat grüne, fast transparente Augen, kurz geschnittenes Haar, eine schlanke Figur und lange Beine. Sie ist sehr groß, ihre Haut ist braun gebrannt und ihre Zähne auffallend weiß. Sie trägt immer einen blauen Kapuzenmantel, einen Rucksack, Jeans und weiße Turnschuhe, jedoch keinerlei Schmuck.[200] Das Mädchen verrät nie ihr Alter, erscheint durch ihr jungenhaftes und sportliches Aussehen jedoch sehr jung.[201] Irene redet nicht viel, doch wenn sie etwas sagt, hat es fundamentalen Wert. Wenn sie von weltbewegenden Dingen und ihrer Vergangenheit spricht, ist sie sehr ernst und wirkt alt und müde.[202] Sie strahlt dann eine „jahrhundertealte Weisheit"[203] aus. Die junge Frau liebt Bücher, gleichgültig welchen Genres, und reist „seit Jahrhunderten".[204] Niemals hat sie einen Wutausbruch, macht sich Sorgen oder ist nervös, sondern ist stets ausgeglichen, geduldig und entschlossen. Sie betrachtet alles mit großer Wachsamkeit und Neugierde, als würde sie etwas lernen wollen.[205] Die Unbekannte verrät nichts von sich, wodurch sie äußerst geheimnisvoll wirkt. Sogar ihr Name ist frei erfunden: Sie hat ihn dem Taschenbuch „Die Abenteuer des Sherlock Holmes" entnommen. Irene besitzt keinerlei persönliche Habseligkeiten.[206] Sie ist eine Einzelgängerin und sehr einsam.[207] Sie

---

198 Pérez-Reverte, Arturo: Der Club Dumas. 9. Aufl. Goldmann, 1997. S. 334

199 Vgl. Pérez-Reverte, Arturo: Der Club Dumas. 9. Aufl. Goldmann, 1997. S. 437

200 Vgl. ebd. S. 122

201 Vgl. ebd. S. 169

202 Vgl. ebd.

203 Pérez-Reverte, Arturo: Der Club Dumas. 9. Aufl. Goldmann, 1997. S. 438

204 Pérez-Reverte, Arturo: Der Club Dumas. 9. Aufl. Goldmann, 1997. S. 217

205 Vgl. Pérez-Reverte, Arturo: Der Club Dumas. 9. Aufl. Goldmann, 1997. S. 245

206 Vgl. ebd. S. 335

scheint die Intrige um Corso zu durchschauen, klärt ihn jedoch nicht auf. Irene weiß alles, manchmal scheint es beinahe, als würde sie Dinge vorhersehen, z.B. als sie ohne Grund weiß, dass Fargas tot ist und jemand das Buch stehlen will.[208] Irene ist ein gefallener Engel („Ich bin zurückgewichen, ohne mich je abzuwenden – unter vielen anderen, die ebenfalls vom Himmel gefallen sind."[209]), der sich nach dem Himmel sehnt.[210] Dies wird auch umschrieben mit den Ausdrücken „Hexe"[211] und „verliebter Teufel"[212]. Meistens wird sie jedoch als „das Mädchen" betitelt. Sie ist Corsos Schutzengel. Ihre Aufgabe ist es, auf „Die Neun Pforten" aufzupassen und Corso den rechten Weg zu weisen.[213] Dies tut sie, wenn nötig, auch unter Einsatz von Gewalt: Sie schwebt herbei und versetzt dem Narbengesicht bei seinem Angriff auf Corso zwei schwere Tritte, die ihn in die Knie zwingen.[214] Irene ist oft von einem strahlenden Licht umgeben[215] und reflektiert Personen oder Gegenstände in ihren Augen, so auch Corsos Schatten.[216] Manchmal glaubt Corso darin auch Bilder von vergangenen Zeiten sehen zu können.[217] Auf ihrer gemeinsamen Reise verliebt sich der gefallene Engel in Corso und gesteht ihm ihre Liebe.[218]

1.2.4.3 Varo Borja

Der Fünfzigjährige Spanier Varo Borja ist ein vorbestrafter, vermögender Antiquar, der bereits vier Jahre freiwilliges Exil in Brasilien und Paraguay hinter sich hat. Er besitzt kein Geschäft, ist aber durch seinen festen Stand auf den internationalen Antiquariatsmessen weltberühmt. Doch er ist immer noch ein Betrüger. Er scheut kein Mittel, um in den Besitz seltener Bücher zu gelangen, die er sodann an Sammler, Konser-

---

207 Vgl. ebd. S. 441

208 Vgl. ebd. S. 228

209 Pérez-Reverte, Arturo: Der Club Dumas. 9. Aufl. Goldmann, 1997. S. 444

210 Vgl. Pérez-Reverte, Arturo: Der Club Dumas. 9. Aufl. Goldmann, 1997. S. 275 ff

211 Vgl. ebd. S. 232

212 Vgl. ebd. 271

213 Vgl. ebd. S. 442

214 Vgl. ebd. S. 329 f

215 Vgl. ebd. S. 259

216 Vgl. ebd. S. 339 f

217 Vgl. ebd. S. 257

218 Vgl. ebd. S. 345

vatoren, Graveure, Buchdrucker und Bücherjäger verkauft. So ist er auch Corsos Auftraggeber. Er hat kleine Augen, eine Glatze und eine füllige Taille, trägt enge, gemusterte Westen und maßgeschneiderte Sakkos. Seine Umgangsformen sind flegelhaft.[219] Varo Borja besitzt eine Sammlung von Büchern, die allesamt Luzifer thematisieren,[220] und ist ein Experte für Dämonologie.[221] Er ist vom Teufel derart fasziniert, dass er sogar zum Mörder wird, um ihn mit Hilfe der „Neun Pforten" rufen zu können. Luzifer ist sein gesamter Lebensinhalt. Als die Beschwörung nicht funktioniert, wird er wahnsinnig.

1.2.4.4 Boris Balkan

Boris Balkan verfasst Kritiken und Rezensionen für Zeitschriften und Zeitungsbeilagen in halb Europa, veranstaltet Seminare über zeitgenössische Autoren an verschiedenen Universitäten und ist Schriftsteller: Er schreibt Bücher über den Unterhaltungsroman des 19. Jahrhunderts und ist daher Spezialist auf diesem Gebiet.[222] Besonders begeistert ist er von Alexandre Dumas, weshalb er ihm zu Ehren den „Club Dumas" gründet. Er ist ein rechtschaffener Mensch. Das einzig unehrenwerte, das er je getan hat, ist die Affäre mit Liana Taillefer.[223]

1.2.5 Sprache und Stil

Pérez-Revertes Schreibstil ist vor allem durch postmoderne Einflüsse geprägt. Kennzeichnend dafür ist u. a. die intensive Auseinandersetzung mit dem Protagonisten Lucas Corso, aus dessen Perspektive der Großteil der Geschichte erzählt wird. Sein Charakter wird im Roman am ausführlichsten beschrieben. Er ist auch die einzige Person, deren Gedankengänge nachvollzogen werden. Dies geschieht mittels der erlebten Rede. Der Leser hat ausschließlich Anteil am Innenleben des Bücherjägers. Dies erfolgt am besten in den Rückblenden, in denen das Zusammenleben Corsos mit Nikon beschrieben wird. Hybride Genres sind ein weiteres Merkmal der Postmoderne. Der Roman *Der Club Dumas* gehört der hybriden Gattung des Mysterys an. Hier werden Krimi – in Form des Thrillers und der Detektivgeschichte –, Fantasy und ein

219 Vgl. ebd. S. 60 f

220 Vgl. ebd. S. 69

221 Vgl. ebd. S. 192

222 Vgl. ebd. S. 10

223 Vgl. ebd. S. 413

„Hauch von Horror“[224] vereint. In Anlehnung an den Stil von Detektivgeschichten spielen die spannenden Szenen der Handlung nachts in strömendem Regen und bei Wetterleuchten oder in engen Gassen. Die fantastischen und horriblen Elemente des Romans knüpfen an den magischen Realismus an. Dies zeigt sich – wie bereits erwähnt – in der Teufelsbeschwörung Borjas und in der Rettungsaktion Irenes. Der magische Realismus lässt Mythen mit der Realität verschmelzen. Corso kann Realität und Fiktion nicht mehr unterscheiden und betritt durch die „Neun Pforten“ die Welt des Teufels, der den Horroranteil der Geschichte darstellt. Das Buch beinhaltet viele Dialoge in Form von direkter Rede. In den Dialogen erfährt Corso – und somit auch der Leser – wichtige Informationen und den Hintergrund der Geschichte um das diabolische Buch und das Dumas-Manuskript. Da viele Textteile und Inhalte der Narration ineinander verflochten sind, dienen die Gedankengänge Corsos und die Dialoge, mit deren Hilfe er in Gesprächen mit anderen die bisherigen Fakten zusammenfasst, auch als Orientierung für den Leser. Alle Ereignisse haben einen kausalen Zusammenhang, der erst am Ende des Plots erkennbar wird. Durch die Wiederholung der Leitmotive (der Teufel, Aristide Torchia und „Die neun Pforten“, Alexandre Dumas, „Die drei Musketiere“ und der „Club Dumas“) werden die vielen Szenen miteinander verbunden. Der auktoriale Erzähler der Geschichte – Boris Balkan – wendet sich regelmäßig durch Kommentare direkt an den Leser, um die Komplexität der Narration zu rechtfertigen. Durch ihn findet eine zusätzliche Charakterisierung Corsos statt. Der Autor legt außerdem viel Wert auf szenische Darstellung: „Die neun Pforten“ werden von ihm bis ins kleinste Detail beschrieben und auch Personen und Räume werden ausführlich wiedergegeben, um die Atmosphäre realitätsgetreu wiederzugeben, (z. B. als er den Garten von Fargas Haus beschreibt[225]). Die Figuren des Romans sprechen vorwiegend in ihrem Fachjargon und der Autor arbeitet viel mit Zitaten und Querverweisen. Zur Auflockerung baut Pérez-Reverte an manchen Stellen ironische Sätze ein, z.B. als die Baronin gerade die komplizierte Lebensgeschichte Aristide Torchias erzählt:

> „Frida Ungern kicherte geheimnisvoll: Miss Marple beim Kaffeeklatsch, wie sie mit ihren Freundinnen über den Teufel tratscht. Du weißt ja noch gar nicht das Neueste von Satan. Das muß ich dir unbedingt erzählen, Peggy.“[226]

---

224 Pérez-Reverte, Arturo: Der Club Dumas. 9. Aufl. Goldmann, 1997. S. 435

225 Vgl. Pérez-Reverte, Arturo: Der Club Dumas. 9. Aufl. Goldmann, 1997. S. 173

226 Pérez-Reverte, Arturo: Der Club Dumas. 9. Aufl. Goldmann, 1997. S. 293

Der Autor lässt den Leser absichtlich im Unklaren, damit Spannung erzeugt wird. Wie im Thriller soll er stets auf demselben Informationsstand wie die Hauptfigur sein. Die Handlung wird kontinuierlich erzählt. Träume oder Passagen von Büchern werden an späterer Stelle wiederholt, um zur Realität zu werden. Auch der Minimalismus gehört zu der Schreibweise des Schriftstellers: Der Roman ist trotz der vielen Ereignisse von einer Handlungsarmut gekennzeichnet, denn Corso ist die meiste Zeit mit seiner trockenen Recherche beschäftigt. Die Morde, die sich abspielen, werden dagegen nicht beschrieben. Corso erfährt die meisten Begebenheiten erst im Nachhinein. Pérez-Reverte stößt mit der Schlüsselszene des Anfangs die Handlung an und bewirkt damit sofortige Spannung, die sich bis zum Schluss des Romans und darüber hinaus hält, denn was genau Corso hinter der neunten Pforte erwartet, lässt der Autor bei seinem Ende offen.

1.2.6 Botschaft

Arturo Pérez-Reverte lässt seinem Weltschmerz auch in diesem Roman freien Lauf. Die düsteren Mächte, mit denen sich der Bücherjäger verbündet, befreien ihn aus der irdischen Welt und führen ihn in den Bereich des Überirdischen. Das Durchschreiten der neunten Pforte empfindet Corso als Erlösung. Pérez-Reverte übt Kritik an der Gesellschaft und an der ganzen Welt. Intrigen, Morde und Skrupellosigkeit stellen im Buch den Alltag der ihm so verhassten Welt dar. Die Liebe zu Irene Adler befreit Corso von seinem einsamen und harten Leben. Der Roman ist gleichzeitig eine Huldigung an Alexandre Dumas und an die Literatur selbst, mit dessen Hilfe der Autor der Welt der starren Gesetze entflieht.

1.2.7 Der Roman in der Kritik

Der Mystery-Roman des Autors stößt auf große Begeisterung. Die Zeitungen seines Heimatlandes bezeichnen Arturo Pérez-Reverte als einen Schriftsteller, „der es versteht, von glorreichen Abenteuern und finsteren Intrigen gekonnt und abwechslungsreich zu erzählen".[227] Die *New York Times* versteht seine Romane als Bücher, „die Intellektuelle mit an den Strand nehmen können".[228] Und auch die *Frankfurter Allgemeine Zeitung* schreibt ein positives Urteil:

---

[227] Bertsch, Ariane: vom segeln und reihern. In: Frankfurter Rundschau vom 01.09.2001

[228] New York Times [zitiert nach: Bertsch, Ariane: vom segeln und reihern. In: Frankfurter Rundschau vom 01.09.2001]

> „Es gibt einen spanischen Schriftsteller, der schreibt spannende Geschichten im Dutzend, in denen es vor farbenprächtig ausgeschmückten Mantel-und-Degen-Kulissen vor allem um zweierlei geht, nämlich um die Macht der Bücher und die der Liebe, und wozu diese beiden uns verleiten. [...] Der Autor versteht seinen Roman als Hommage an die Literatur, doch damit ihm die Leser in all den Zitaten und Querverweisen auch brav bei der Stange bleiben, erzählt er ihnen vordergründig eine Detektivgeschichte."[229]

Es gibt aber auch negative Kritiken, wie z. B. ein Artikel aus *Der Welt* zeigt:

> „So vernarrt ist der spanische Schriftsteller Arturo Pérez-Reverte in sein satanisches Gespinst, dass ihm darüber die Story entgleitet [...] ‚Stolz, Freiheit,...Wissen. Am Anfang oder am Ende muß man für alles bezahlen', sagt Corsos Freundin und gibt das Stichwort: Der Leser zahlt – mit Langeweile."[230]

Diese Meinung vertrete ich nicht. Ich empfinde *Der Club Dumas* als ein äußerst spannendes Buch, das man nicht mehr aus der Hand legen kann. Selbstverständlich ist es als Leser dieses Romans von Vorteil, ein Liebhaber antiquarischer Bücher zu sein und man muss bereit sein, eigene detektivische Arbeit zu leisten. Interessiert man sich für die Geschichte um den großen Schriftsteller Alexandre Dumas und für die Welt der Bibliophilen, bezahlt der Leser nicht mit Langeweile, sondern mit Spannung und Begeisterung.

---

[229] Labyrinth ohne Ausgang. In: Frankfurter Allgemeine Zeitung. Nr. 157 vom 10.07.2003, S. 32

[230] Schwieren-Höger, Ulrike: Das Opfer baumelt am Seidengürtel. In: Die Welt. Nr. 139 vom 17.06.1995, S. 95

2. Der Film *Die neun Pforten* – Verfilmung des Romans *Der Club Dumas*

Das DVD-Cover zeigt das Zeichen, das die Hexe dem auserwählten Corso für den Pakt mit dem Teufel aufprägt.

Abbildung 7: DVD-Cover *Die neun Pforten*

2. 1 Leben und Werk des Regisseurs Roman Polanski

Abbildung 8: Roman Polanski

Roman (eigentlich Raymond) Polanski wurde am 18. August 1933 in Paris geboren. Seine Mutter stammte aus Russland, sein Vater aus Polen. Um vor dem Antisemitismus zu fliehen, kehrte die jüdische Familie 1937 in die Heimat seines Vaters nach Krakau zurück. Polanskis Kindheit war von schweren Schicksalsschlägen geprägt. Seine Mutter und weitere Familienmitglieder starben in den Gaskammern von Auschwitz. Nach Kriegsende holte er sein Abitur in Kattowitz nach. Ab 1950 studierte er Malerei, Bildhauerei und Graphik an der Kunstakademie von Krakau, wo er sich gleichzeitig intensiv mit den Werken Franz Kafkas, Stanislaw I. Witkiewicz' und Witold Gombrowicz' beschäftigte. Deren surreal-groteske Erzählweise faszinierte Polanski derart, dass sein späteres filmisches Werk von demselben Stil geprägt ist.[231] Aus ideologischen Gründen wurde ihm an der Kunstakademie

231 Vgl. Marschall, Susanne: Filmregisseure. Biographien, Werkbeschreibungen, Filmographien. Thomas Koebner (Hrsg.). Reclam. S. 537

jedoch der Abschluss verwehrt. Von 1954 bis 1959 besuchte er dann die Filmhochschule in Lodz. Seine Abschlussarbeit war der Kurzfilm *Zwei Männer und ein Schrank* (1958) und erhielt fünf internationale Preise.[232] Im darauf folgenden Jahr heiratete er die Schauspielerin Barbara Kwiatkowska-Lass, von der er sich aber schon 1961 wieder scheiden ließ.[233] Polanskis erster Spielfilm *Das Messer im Wasser* erschien 1962. Jener Film ist gekennzeichnet von symbolischer Bildsprache und vom künstlerischen Existenzialismus der Zeit. Bereits hier wird Polanskis Vorliebe für das Klaustrophobische deutlich. Des Weiteren entwickelte Polanski eine Vorliebe für Genreparodien: 1967 erschien die komödiantische Version des Draculafilms *Tanz der Vampire,* in dem er selbst die Nebenrolle des Alfred spielte. *Tanz der Vampire* ist Polanskis größter Publikumserfolg. Schon in *Rosemaries Baby* (1968) ist Luzifer ein beliebtes Motiv des Regisseurs. Im selben Jahr wurde die schwangere Sharon Tate, frisch vermählt mit Polanski, von Mitgliedern einer okkulten Hippie-Kommune brutal ermordet. Nach einem spektakulären Prozess verließ der Regisseur die USA, um sich für zwei Jahre von Film und Regie zurückzuziehen. Mit *Chinatown* (1974) drehte er einen Streifen, der Detektivfilm und Psychothriller zugleich ist. Schließlich spielte er 1976 in der surrealen Parabel *Der Mieter* selbst die Hauptrolle. Dieses Werk gilt als einer seiner autobiographischsten Arbeiten. Auch in diesem Film sind Horror, Klaustrophobie und psychische Deformationsprozesse die Hauptmotive.[234] 1976 erhielt Polanski auch die französische Staatsbürgerschaft.[235] 1988 drehte er erneut einen Thriller: *Frantic,* der ihm zu einem Kinocomeback verhalf.[236] Im darauf folgenden Jahr heiratete Polanski erneut. Seine nun dritte Ehefrau ist Emmanuelle Seigner, eine dreißig Jahre jüngere Schauspielerin, mit der er zwei Kinder hat.[237] Mit seiner Frau Emmanuelle Seigner und Johnny Depp in den Hauptrollen verfilmte Roman Polanski 1999 schließlich den Roman *Der Club Dumas* von Arturo Pérez-Reverte. *Die neun Pforten* stellt einen Mystery-Thriller dar, in dem nun wieder Satan den Protagonisten spielt. Mit diesem negativen Motiv bringt der Regisseur seine Wut

---

232 Vgl. Munzinger Archiv: Roman Polanski. – 2003, CD-ROM. 24.07.2006

233 Vgl. Lexikon Regisseure und Kameraleute von A-Z. Hans-Michael Bock (Hrsg.). rororo Sachbuch

234 Vgl. Marschall, Susanne: Filmregisseure. Biographien, Werkbeschreibungen, Filmographien. Thomas Koebner (Hrsg.). Reclam. S. 539 f

235 Vgl. Munzinger Archiv: Roman Polanski. – 2003, CD-ROM. 24.07.2006

236 Vgl. Marschall, Susanne: Filmregisseure. Biographien, Werkbeschreibungen, Filmographien. Thomas Koebner (Hrsg.). Reclam. S. 538 ff

237 Vgl. Munzinger Archiv: Roman Polanski. – 2003, CD-ROM. 24.07.2006

und Verzweiflung über sein vergangenes unglückliches Privatleben zum Ausdruck. In diesem Jahr wurde der Regisseur in die französische Akademie der Schönen Künste aufgenommen. Sein letzter Film *Oliver Twist* (2005) thematisiert eine unmenschliche Gesellschaft. Neben seiner Filmarbeit ist Polanski als Regisseur und Bühnendarsteller auch für das Theater tätig. Der Regisseur erhielt zahlreiche Auszeichnungen, u. a.: den Goldenen Löwen für sein Gesamtwerk (1993), den Spezialpreis des Europäischen Filmpreises (1999), bei der 24. Verleihung des Bayerischen Filmpreises 2003 erhielt er den Ehrenpreis des Bayerischen Ministerpräsidenten für sein Lebenswerk und am 10. Mai 2004 wurde ihm von der Universität Rom die Ehrendoktorwürde in Moderner Literatur und Philosophie verliehen.[238] Roman Polanskis filmisches Werk zeichnet sich zum einen durch seine Genrevielfalt, und zum anderen durch seine intensive Auseinandersetzung mit menschlichen Urängsten, mit Schuld, Gewalt und Selbstzerstörung aus.[239]

2.2 Interpretation

Da die Verfilmung inhaltlich von der Romanvorlage abweicht, wird zum Verständnis des Lesers an dieser Stelle ein Inhaltsabriss des Films gegeben.

2.2.1 Inhaltsabriss

In der Auftaktszene des Films sieht man den Selbstmord Andrew Telfers. Nach einem Vortrag Balkans über Dämonologie in New York, bei dem Corso das erste Mal das Mädchen trifft, begleitet er Balkan in seine satanische Privatsammlung. Nach einer kurzen Einführung in die Geschichte über Torchia und das „Delomelanicon" erhält der Bücherjäger den Auftrag, das Original der „Neun Pforten" ausfindig zu machen, indem er das New Yorker Exemplar von Balkan mit denen von Fargas in Sintra und von der Baroness Kessler in Paris vergleichen soll. Corso übergibt Balkans Exemplar seinem Freund und Geschäftspartner Bernie, der es in seinem Antiquariat für den Bücherjäger aufbewahren soll. In seiner Wohnung erhält Corso Besuch von Liana Telfer – der Witwe Andrew Telfers –, die „Das Buch der neun Pforten ins Reich der Schatten", welches ihr Mann kurz vor seinem Tod an Balkan verkauft hat, zurück ergattern will. Zu diesem Zweck schläft sie mit Corso und überfällt ihn danach. Da sich das Buch jedoch in Bernies Besitz befin-

238 Vgl. Munzinger Archiv: Roman Polanski. – 2003, CD-ROM. 24.07.2006

239 Vgl. Marschall, Susanne: Filmregisseure. Biographien, Werkbeschreibungen, Filmographien. Thomas Koebner (Hrsg.). Reclam. S. 540

det, hat sie keinen Erfolg. Als Corso seinen Freund kopfüber erhängt im Antiquariat findet, will er zunächst aus dem Geschäft aussteigen, lässt sich von Balkan jedoch von der viel versprechenden Geldsumme für seinen Auftrag überreden und fährt nach Toledo, um den Brüdern Ceniza einen Besuch abzustatten. Dabei stellt sich heraus, dass die beiden Restauratoren das Buch ursprünglich Andrew Telfer verkauft haben, der es wiederum seiner Frau Liana geschenkt hat. Pablo und Pedro Ceniza weisen auch hier den Bücherjäger auf die Initialen LCF hin. Auf der Reise nach Sintra trifft Corso im Zug abermals die Hexe. In Fargas Privatsammlung vergleicht er dessen Exemplar mit dem von Balkan und löst das Rätsel: Neun Holzschnitte stammen von Luzifer persönlich. Er hat sie auf die drei Exemplare verteilt. Vereint man diese neun Bildtafeln, lässt sich damit der Teufel beschwören. Auf dem Rückweg zum Hotel wird er beinahe von einem Auto überfahren. Als der gefallene Engel mit dem Motorrad drohend vorfährt, lässt der Unbekannte von ihm ab. Sie ist es auch, die ihn früh morgens weckt und ihn zu Fargas Anwesen fährt. Dort findet Corso Fargas ertränkt in seinem Brunnen. Er kann gerade noch das brennende Buch der „Neun Pforten" aus dem Kamin ziehen, muss jedoch feststellen, dass die Holzschnitte entfernt wurden. Corso und sein Schutzengel fliegen gemeinsam nach Paris, wo sich der Bücherjäger mit Frida Kessler in ihrer Stiftung trifft. Sie unterrichtet ihn über den „Orden der silbernen Schlange", ein Hexenzirkel, der nach Torchias Hinrichtung gegründet wurde, um die Erinnerung an ihn zu verewigen und um seine Geheimnisse zu erhalten. Über Jahrhunderte haben sich seine Mitglieder getroffen, um aus dem Buch „Der neun Pforten" zu lesen und dem Fürsten der Finsternis zu huldigen. Der Geheimbund existiert auch heute noch, ist jedoch zu einem Club für übersättigte Millionäre und Prominente degradiert, die in ihren Zusammenkünften ihren abartigen sexuellen Vorlieben frönen und der Vereinigung ihren Erfolg und Reichtum zuschreiben. Die Treffen finden alljährlich an Torchias Todestag statt. Auch die Baroness war einst Mitglied des Ordens. Seit sie jedoch ausgetreten ist, wird aus Liana Telfers Buch vorgelesen. Liana stammt aus einer alten Aristokratenfamilie aus Frankreich, den „Saint Martins". Das nächste Treffen des Ordens findet in nicht allzu ferner Zukunft statt. Als Ungern Corsos Auftraggeber erfährt, bittet sie ihn zu gehen. Am Kai wird der Bücherjäger erneut von seinem Verfolger angegriffen. Das Mädchen kommt ihm zu Hilfe, indem sie die Treppe hinunter schwebt und den Angreifer niederschlägt. Auf dem Hotelzimmer zeichnet der Engel vier Blutstreifen über Corsos Gesicht, womit sie ihn für den Pakt mit dem Teufel auserwählt. Am darauf folgenden Tag klärt der Bücherjäger die Baroness über das Geheimnis der „Neun Pforten" auf, woraufhin sie ihm erlaubt, ihr Exemplar genauer zu untersuchen. Bei seinen Recherchen stößt er auf eine Postkarte, auf der eine Burg abgebildet ist. Auf der Rückseite steht: „Tut mir leid Frida, ich hab's zuerst entdeckt. Balkan." Corso nimmt sie an sich. Plötzlich wird er bewusstlos geschlagen. Als er wieder zu sich kommt, findet er die erwürgte Baronin und ihre brennende Bibliothek vor. Auch hier wurde das Buch ins Feuer geworfen und zuvor die Holzschnitte entfernt. Zurück im Hotel muss Corso feststellen, dass Balkans Exemplar von Liana und Corsos Widersacher gestohlen wurde. Das Mädchen und der Bücherjäger folgen ihnen mit einem Auto. Das Ziel ist Lianas Château in St. Martin. Aus dem Hinterhalt überfallen sie die Witwe, kommen jedoch nicht in den Besitz des Buches, da Lianas Begleiter die beiden mit einer Pistole bedroht. Als dieser sie gerade in ein Verlies führt, nutzt Corso die Gelegenheit, um ihn bewusstlos zu schlagen. Als Ordensmitglied verkleidet, mischt sich Corso in die Versammlung. Lianas Ritual wird durch Balkans abrupte Ankunft unterbrochen. Dieser stiehlt das Buch und erwürgt Liana Telfer vor den Augen der Versammelten. Der Bücherjäger folgt dem Mörder mit einem Auto, verliert ihn aber. Als ihm wieder die gestohlene Postkarte der Baroness in die Hände fällt, weiß Corso wo er Balkan findet: In einem verlassenen Château außerhalb der Zivilisation. In einem der Türme findet er den Besessenen, wie er gerade die Teufelsbeschwörung mit Hilfe der neun entwendeten Holzschnitte durchführt. Im Glauben, die Macht des Teufels zu besitzen, zündet dieser sich selbst an. Als die Beschwörung nicht funktioniert, gibt Corso ihm den Gnadenschuss. Vor dem Hintergrund der brennenden Burg schlafen Corso und die Hexe miteinander. Bevor sie spurlos verschwunden ist, hinterlässt sie ihm den neunten Holzschnitt mit der Aufschrift „Brüder Ceniza" als Hinweis. Als Corso deren Geschäft betritt, um den von ihnen gefälschten neunten Holzschnitt zu erlangen, muss er feststellen, dass die Brüder nicht existieren. Die neunte Bildtafel allerdings fällt durch Zufall von einem der Schränke. Auf ihr zeigt die Hexe auf die Burg, vor deren Eingang ein strahlendes Licht ist. Corso begibt sich erneut zum Château und durchschreitet die neunte Pforte.

2.2.2 Filmsprache

Zu Beginn des Films hört der Zuschauer zunächst nur das Schreiben einer Feder auf Papier. Mit der ersten Einstellung kann der Zuschauer das Geräusch zuordnen: es ist eine Halbtotale von Andrew Telfer, der einen Brief schreibt. In einer Großaufnahme von abwechselnd Gesicht und Füßen wird dem Publikum sodann der Selbstmord Telfers präsentiert. Diese Szene ist die Ursache der folgenden Ereignisse, weshalb sie an den Anfang gestellt wurde. Nachdem seine Füße aufgehört haben zu zucken und der Zuschauer weiß, dass er tot ist, schwenkt die Kamera auf ein Bücherregal von Telfers Bibliothek, woraufhin der Vorspann folgt, in dem der Zuschauer durch den Effekt einer fahrenden Kamera neun Pforten durchschreitet.

Für den establishing shot wurde ein Schwenk über die Stadt New York in einer Halbtotalen gewählt, was dem Publikum den Schauplatz vermittelt. Als in ein Zimmer zurückgezoomt wird und sich das Bild als Aussicht einer privaten Bibliothek herausstellt, sieht man Corso mit seinen Kunden bei der Arbeit. Seine Rolle als Hauptfigur wird sofort deutlich. *Die neun Pforten* wird aus Corsos Perspektive erzählt. Im Stile eines Thrillers weiß der Zuschauer zu keinem Zeitpunkt mehr als die Hauptfigur. Der Film wird aus einer subjektiven Sicht erzählt: Mit Ausnahme der Auftaktszene, in der sich Andrew Telfer erhängt, ist Corso während des gesamten Films im Bild zu sehen. Sämtliche Informationen erhält das Publikum durch und über ihn. Dadurch findet beim Zuschauer eine Identifikation mit dem Bücherjäger statt. Ist Corso unterwegs, verfolgt die Kamera ihn mit Blick über dessen Schulter. Diese Methode findet ebenfalls Anwendung, wenn Corso die Holzschnitte der „Neun Pforten" untersucht. Da dieser Blickwinkel besonders wichtig ist, wird die Abbildung zusätzlich herangezoomt. Durch die Verwendung einer Lupe wird das Publikum auf wichtige Details, wie z. B. die Initialen LCF, aufmerksam gemacht. Die Holzschnitte werden außerdem immer in der Detailaufnahme gezeigt und das Buch ist stets von oben ausgeleuchtet, um seine Mächtigkeit und Bedeutsamkeit zu demonstrieren. Selten kommt es vor, dass Corso etwas vor dem Zuschauer entdeckt. Dies geschieht nur, wenn für kurze Zeit Spannung erzeugt werden soll, so z. B. in der Szene, in der Corso das brennende Buch in Fargas Kamin vorfindet. In solchen Fällen wird auf Eyeline-Matches zurückgegriffen: Corso geht mit erstauntem Blick auf die Kamera zu und schaut auf eine Stelle, die sich außerhalb des Bildes befindet. Danach wird dem Zuschauer durch einen Schwenk oder einen Schnitt die Szenerie gezeigt. Dieses Mittel wird durch die offene Form der Bildgröße ermöglicht. Durch den point-of-view-shot wird Corsos Blickwinkel auch bei Angriffen deutlich, so z. B. in Kesslers Bibliothek: Die Kamera ist in der Detailaufnahme auf einen Holzschnitt gerichtet. Plötzlich hört man einen Schlag und die Kamera wackelt. Um zu zeigen, dass Corso bewusstlos wird, wird die Abbildung sehr nah herangezoomt bis das Bild schwarz wird. Ortswechsel und Aufenthaltsorte werden an Schildern mit Aufschriften erkannt, z. B. „Kessler". Auf diese Weise weiß der Zuschauer immer, wo sich Corso momentan befindet. Die meist verwendete Einstellung im Film ist die Großaufnahme. Sie unterstützt die Identifikation mit den Figuren, da

Mimik, Gestik und Emotionen gut zu erkennen sind. Man nennt sie daher auch „intime Einstellung". Bei der Verfilmung ist dies auch notwendig, da Polanski die Gedanken, Überlegungen und Schlussfolgerungen des Protagonisten bei seiner komplizierten Recherche, die auch den Großteil der Romanhandlung ausmachen, visualisieren musste. Reden zwei Figuren miteinander, sind ihre Gesichter in der Nah- oder Großaufnahme zu sehen. Gegenschüsse werden dabei durch harte Schnitte erzeugt. Dieses Mittel kann in Polanskis Film gut eingesetzt werden, da sich die Personen in Gesprächen ausreden lassen und nicht die für Hollywood so typische Hektik, in der er alle Beteiligten durcheinander sprechen, vorherrscht.

Corso wird auf zweierlei Art charakterisiert. Zum einen durch die Aussagen anderer (z. B.: „Sie sind ein Geier und skrupellos." oder „Sie sind ein Wolf im Schafspelz."), und zum anderen durch sein Handeln: Seine Skrupellosigkeit entlarvt der Zuschauer gleich zu Beginn des Films, als der Bücherjäger bei seiner Arbeit gezeigt wird, wie er ein Ehepaar und dessen gelähmten Vater hereinlegt. Die Rolle des Mädchens wird dem aufmerksamen Publikum durch einen Trick vermittelt: Corso trifft sie zum ersten Mal bei Balkans Vortrag über Dämonologie. Während er die Definition einer Hexe vorliest, zeigt die Kamera das Mädchen von Kopf bis Fuß in einer halbnahen Einstellung: „Eine Hexe ist eine Person, deren Handeln, obwohl sie die Gebote Gottes kennt, von einem Pakt mit dem Teufel bestimmt wird. Man nennt sie auch Hilfswesen." Durch diese Montage verbindet man die Aussage mit dem gezeigten Bild und identifiziert sie als Hexe. Des Weiteren spricht Balkan davon, dass Hexen übernatürliche Kräfte besitzen. Diese Kräfte bringt sie später bei der Rettung Corsos zum Einsatz: Sie schwebt die Treppe hinunter – dabei schwenkt die Kamera aus der Untersicht mit ihr nach unten –, um Lianas Gehilfen mit nur wenigen Tritten außer Gefecht zu setzen. Ein weiteres Merkmal ihrer mystischen Identität, das als Symbol für den Teufel benutzt wird, ist das zeitweise grüne Leuchten ihrer Augen. Bei ihrem Liebesakt mit Corso verwandelt sich sogar ihr Gesicht abwechselnd in eine Schönheit und in Luzifer. Die Hitze des Feuers, das gleichzeitig mit Satan in Verbindung gebracht wird, wird dabei durch einen Index dargestellt: das Flimmern des Hintergrunds. Bei Kämpfen werden einzelne Ausschnitte in einer Halbtotalen gezeigt, um ab und an zu anderen Einstellungen zu wechseln. Verfolgungsjagden mit dem Auto laufen bei Roman Polanski ruhig ab: das Auto folgt dem anderen Wagen geräuschlos. Die Perspektive ist dabei aus dem fahrenden Auto durch die Windschutzscheibe gerichtet. Die Untersicht wird verwendet, um Personen mächtig erscheinen zu lassen. Dies ist nicht nur bei der Hexe der Fall, sondern auch bei Liana

Telfers Zeremonie. Während sie auf Latein aus dem Buch vorliest und ihre Anhänger ihr getreu nachsprechen, wird sie ebenfalls aus der Untersicht gezeigt, um ihre Führungsposition deutlich zu machen. Auch Boris Balkan wird in dieser Szene aus jener Sicht gezeigt. Die Vogelperspektive findet Anwendung, um dem Zuschauer die Situation, Atmosphäre und die Rolle der handelnden Figuren aufzuzeigen. So auch in der Vogelperspektive auf die Versammlung des „Ordens der silbernen Schlange" vom Balkon aus: Das Szenario ist ausgeschmückt mit einem roten Vorhang, Fackeln und einem schwarzen Tempel, dessen Säulen Schlangen darstellen. Die Anhänger tragen schwarze Umhänge, eine goldene Kette mit einem Pentagramm und Kerzen. Liana steht auf einem Podest. Dieses imposante Bild vermittelt dem Publikum die Macht des Ordens.

Bei der Ausstattung des Films wurde viel Wert auf einen antiken Stil gelegt, was besonders bei den barocken Gebäuden und deren Inneneinrichtung auffällt. Dieser Stil trägt zu dem geheimnisvollen Gesamtbild des Films bei. Die Ausstattung erfolgte durch den Produktionsdesigner Dean Tavoularis. Die meisten Kulissen errichtete er in den Studios „d'Epinay". Durch das Bildformat 16:9 wird die beklemmende Stimmung zusätzlich betont. Um die eindrucksvolle Landschaft und die Städte möglichst authentisch wiederzugeben, wurde in Frankreich, Portugal und Spanien gedreht. Die Atmosphäre des Films ist von einer warmen Farbtemperatur geprägt. Durch Kaminfeuer, gedämpftes Licht oder wenig Sonneneinfall herrscht meistens eine schummrige Beleuchtung. Dies ist typisch für Mystery-Filme. Polanski sieht dadurch folgenden Vorteil: „In *Die neun Pforten* befinden wir uns ständig an der Grenze zum Fantastischen, und wenn die Handlung schließlich ins Übernatürliche kippt, geschiht dies, ohne dasss es angestrengt oder künstlich wirken würde."[240] Mit der Titelmelodie erzeugte der Regisseur einen musikalischen Code. Sie taucht während des Films immer wieder auf, wenn Corso der Lösung des Rätsels ein Stück näher kommt. Bereits nach kurzer Zeit weiß der Zuschauer, dass beim Einsatz dieser Melodie etwas Wichtiges passieren wird. Der Soundtrack wurde von Wojciech Kilar komponiert und mit den 70 Mitgliedern des Philharmonischen Orchesters und der Sopranistin Sumi Jo orchestriert.[241] Das Stilmittel der Wiederholung findet sich nicht nur bei der

---

240 Roman Polanski [zitiert nach Dirk Jasper Filmstarlexikon: Interview mit Roman Polanski. – www.djfl.de/entertainment/stars/r/roman_polanski_i_01.html, 01.09.2006]

241 Vgl. Dirk Jasper Filmstarlexikon: Interview mit Roman Polanski. – www.djfl.de/entertainment/stars/r/roman_polanski_i_01.html, 01.09.2006

Musik, sondern auch bei einzelnen Bildern. Einige Bilder werden an späterer Stelle in leicht abgeänderter Form wiederholt, wodurch zwei verschiedene Szenen in der Mise en Scène verbunden werden. Ein Beispiel für solch einen match cut ist das Schicksal von Bernie: Als Corso ihm das „Buch der neun Pforten" zeigt, schlägt er den Holzschnitt mit dem kopfüber Erhängten auf. Kurze Zeit später findet ihn Corso genauso vor: Bernie hängt kopfüber von der Treppe. Das Publikum verbindet automatisch diese beiden Szenen und weiß somit, dass hier übernatürliche Kräfte im Spiel sind.

Das phantastische Ende des Films wird von der Filmsprache sehr gut umgesetzt: Corso findet im Geschäft der nicht existenten Brüder Ceniza den neunten Originalholzschnitt, auf dem die Hexe auf die leuchtende Burg zeigt. Das Publikum sieht diesen Holzschnitt in der Detailaufnahme. Durch eine Trickblende, in der das erste Bild das zweite ersetzt, wird der Holzschnitt Realität. In einer Totalen ist das Château zu sehen. Als Corso auf die neunte Pforte – den Eingang der Burg – zugeht, öffnet sich diese für ihn und ein strahlend helles Licht dringt heraus. Dieses Licht durchflutet das gesamte Bild, bis es weiß ist. Nach dieser Aufblende folgt eine Abblende: das Bild wird schwarz und es folgt der Abspann.

2.2.3 Rollenbesetzung

2.2.3.1 Dean Corso

Dean Corso verkörpert Lucas Corso, den Protagonisten der Romanvorlage. Johnny Depp ist perfekt besetzt für diese Rolle. Er gibt Charakter und Erscheinungsbild des Romanhelden detailgenau wieder. Es gibt jedoch einen Unterschied zwischen Dean und Lucas Corso: Lucas ist auch am Ende des Romans immer noch ausschließlich an seinem Geld interessiert. Dean dagegen ist fasziniert von dem „Buch der neun Pforten ins Reich der Finsternis" und entwickelt selbst eine Liebe zu dem eigentlichen Sinn seines Berufsbildes. Auf diese Weise erscheint er dem Zuschauer menschlicher. Corso glaubt zunächst nicht an das Übernatürliche, der Realist lässt sich im Verlauf der Geschichte jedoch bekehren. Der Privatdetektiv ist wie die Figur der Romanvorlage verletzlich. Polanski bevorzugt diesen Charakter bei seinen Protagonisten: „Ich mag es, wenn ein Privatdetektiv verletzlich ist, dasss er sich von den Ereignissen überrollen lässt und manchmal sogar regelrecht k.o. geht."[242]

2.2.3.2 Boris Balkan

Hier wurden vom Regisseur kurzerhand die Namen vertauscht. Die Buchfigur des Boris Balkan existiert im Film überhaupt nicht. Die Filmfigur Balkan ist im Roman als Varo Borja bekannt, Experte für Dämonologie und Auftraggeber von Corso. Doch auch im Film mimt er die Rolle des typischen Antagonisten perfekt, findet jedoch den Tod. Ebenso gelungen besetzt ist diese Rolle mit dem Schauspieler Frank Langella.

2.2.3.3 Liana Telfer

Da der Film eine amerikanische und keine spanische Produktion ist, wurde Lianas spanischer Name Taillefer in Telfer umgeändert. Auch inhaltlich wurde ihre Rolle leicht abgeändert. Sie ist im Film zwar auch die Witwe des verstorbenen Verlegers Telfer, hat im Gegensatz zum Buch jedoch die Position des Oberhauptes einer Geheimgesellschaft: „Der Orden der silbernen Schlange". Ein weiterer Unterschied ist, dass die Person Lianas im Film ermordet wird, im Buch geschieht dies nicht, weil sie Mitglied des harmlosen „Club Dumas" ist. Auch optisch lässt sich eine Veränderung feststellen: Die Schauspielerin Lena Olin entspricht mit ihrem dunklen Typ nicht der zarten Blondine aus *Der Club Dumas*. Polanski hat dafür jedoch seine Gründe:

> „[...] aber dann sagte ich mir, dass eine Frau, die eine satanische Sekte leitet, mehr Klasse haben sollte. Darum habe ich mich für eine Schauspielerin entschieden, die sehr klug und gleichzeitig sehr sinnlich wirkt und darüber hinaus zu heftigen Gefühlsausbrüchen fähig ist."[243]

---

242 Roman Polanski [zitiert nach Dirk Jasper Filmstarlexikon: Interview mit Roman Polanski. – www.djfl.de/entertainment/stars/r/roman_polanski_i_01.html, 01.09.2006]

243 Roman Polanski [zitiert nach Dirk Jasper Filmstarlexikon: Interview mit Roman Polanski. – www.djfl.de/entertainment/stars/r/roman_polanski_i_01.html, 01.09.2006]

2.2.3.4 Das Mädchen/Die Hexe/Der gefallene Engel

Das namenlose Mädchen verkörpert auch hier ein überirdisches Wesen. Sie ist eine Hexe, die im Pakt mit dem Teufel steht und Corsos Schutzengel darstellt. Sie ebnet ihm den Weg zur neunten Pforte. Der gefallene Engel, der in einem Zwischenreich lebt, weiß alles, redet jedoch nicht viel, sondern beschränkt sich lediglich auf ein geheimnisvolles Lächeln. Diese Rolle erteilte der Regisseur seiner Frau Emmanuelle Seigner – einer bislang unbekannten Schauspielerin –, die sie hervorragend spielt.

2.2.4 Der Film in der Kritik

Die Meinungen gegenüber dem Film sind geteilt: Einige Rezensenten sind von ihm begeistert, so auch die der *New York Times* und der *Le Monde*, die Polanski mit Melville, Stevenson und Conrad verglichen.[244] Auch die *Cinema* lobt ihn in den höchsten Tönen:

> „Roman Polanski inszeniert die mörderische Suche nach einem satanischen Buch so subtil und spannend, dass sie Erinnerungen an seine Meisterwerke ‚Rosemaries Baby' und ‚Chinatown' weckt."[245]

Die Kritik der Zeitschrift *TV Today* fällt insgesamt ebenfalls positiv aus:

> „[…] Roman Planskis Grusel-Mär hat Atmosphäre und ist spannend – aber die unerträgliche Emmanuelle Seigner trübt das Vergnügen."[246]

Andere Filmkritiken sind dagegen deutlich negativ besetzt, so auch die des *Spiegel* und die darauf folgende von *TV Movie*:

> „Zu Satan und seiner Brut pflegt wohl kein anderer Regisseur so intime Beziehungen wie Roman Polanski […]. Sein neuer Gruselfilm jedoch wirkt, als habe ihm Beelzebub höchstselbst ins Handwerk gepfuscht. Da antipuritanische Lederschwarten auf der Leinwand ungefähr so bedrohlich wirken wie altbackenes Schwarzbrot, putscht Polanski die einfältige Bücherdetektiv-Story mit den ältesten Tricks seines Gewerbes auf und ver-

---

244 Vgl. Burghardt, Peter: Stiller Poet auf den Wellen des Erfolgs. In: Süddeutsche Zeitung. Nr. 183 vom 10.08.2001. S. 3

245 Cinema. 12 von 1999 [zitiert nach: Dirk Jasper FilmLexikon: Die neun Pforten. – www.djfl.de/entertainment/djfl/1105/110582.html, 01.09.2006]

246 TV Today. 26 von 1999 [zitiert nach: Dirk Jasper FilmLexikon: Die neun Pforten. – www.djfl.de/entertainment/djfl/1105/110582.html, 01.09.2006]

anstaltet gegen Ende einen so erbärmlichen Budenzauber, dass es den Zuschauer nicht nur vor dem Teufel graust."[247]

„[...] Satan ist wieder hip! Auf die übliche Effektorgie verzichtet Polanski allerdings. Sein elegant fotografierter Thriller deutet das Unheimliche nur an – was im Laufe der Handlung aber mehr Verwirrung stiftet als Spannung erzeugt. Fazit: An die verstörende Intensität von Polanskis Frühwerken reicht ‚Die neun Pforten' nicht heran."[248]

Auch wenn ich es schade finde, dass der „Club Dumas" im Film verloren geht, bin ich von *Die neun Pforten* begeistert. Wenn der Zuschauer den Film ohne die Erwartung einer vollständig illustrierenden Literaturverfilmung anschaut und sich nicht auf Action geladene Horrorfilme versteift, wird sein Resultat ebenso positiv ausfallen.

3. Quervergleich zwischen Buch und Film

Roman Polanski hat den Roman *Der Club Dumas* bei der filmischen Umsetzung um die Hälfte der Handlung gekürzt. Er hat sich auf die Geschichte der „Neun Pforten" beschränkt. Dies geschah zum einen aus Gründen der Spieldauer des Films und zum anderen aus persönlichen Vorlieben: „Schon allein, um eine normale Spieldauer zu erreichen, musste ich bestimmte Dinge weglassen. Und so behielt ich letztendlich nur das bei, was mir persönlich an dem Roman besonders gut gefallen hat."[249] In diesem Zusammenhang fallen einige Personen vollständig weg oder es wird ihnen eine andere Rolle zugeteilt. Bernie, der im Buch als La Ponte bis kurz vor dem Ende an der Geschichte beteiligt und zeitweise sogar in sie verstrickt ist, findet im Film leider schnell den Tod und spielt daher nur eine unbedeutende Nebenrolle. Außerdem ereignen sich gewisse Szenen in einem anderen Kontext, z.B. wird Liana auch im Film von Corso überfallen, jedoch am Abend der Versammlung des „Ordens der silbernen Schlange" in ihrem Château und nicht, wie im Buch, am Abend der Versammlung des „Club Dumas" im Gasthof. Das Element der Schatzsuche wird durch die Recherche und Schnitzeljagd um die neun Holzschnitte beibehalten. Um den Film

---

247 Der Spiegel. 50 von 1999 [zitiert nach: Dirk Jasper FilmLexikon: Die neun Pforten. – www.djfl.de/entertainment/djfl/1105/110582.html, 01.09.2006]

248 TV Movie. 26 von 1999 [zitiert nach: Dirk Jasper FilmLexikon: Die neun Pforten. – www.djfl.de/entertainment/djfl/1105/110582.html, 01.09.2006]

249 Roman Polanski [zitiert nach Dirk Jasper Filmstarlexikon: Interview mit Roman Polanski. – www.djfl.de/entertainment/stars/r/roman_polanski_i_01.html, 01.09.2006]

jedoch nicht zu verkomplizieren, werden Details um das „Buch der neun Pforten" weggelassen. So ist z. B. auch Balkans Teufelsbeschwörung, in der er die Hieroglyphen des lateinischen Textes mittels eines ausgeklügelten Verfahrens entschlüsselt, abgekürzt. Die erzählte Zeit bewegt sich, wie die der Buchvorlage, im Rahmen von einigen Tagen. Und auch wenn viele Bücher und Manuskripte durch den Wegfall des „Club Dumas" fehlen, bewegt sich Corso dennoch in der Welt der Bibliophilen und antiquarischer Bücher. Einige wenige Elemente des Erzählstrangs um das Dumas-Manuskript und um den „Club Dumas" hat der Regisseur jedoch beibehalten.[250] So wird z. B. aus dem „Club Dumas" „Der Orden der silbernen Schlange", dessen Oberhaupt dieses Mal nicht Boris Balkan, sondern Liana Telfer ist. Auf diese Weise bleibt dem Mystery-Genre das Merkmal der Geheimgesellschaft erhalten. Diese Geheimgesellschaft besteht zwar auch aus Personen von hohem Rang (Millionäre und Prominente), ist jedoch weitaus gefährlicher als der „Club Dumas": Sein Oberhaupt schreckt nicht davor zurück, Menschenleben für das Buch zu lassen. Die Idee für den Namen des Ordens entnahm Polanski dem Titelblatt der „Neun Pforten", auf dem sich eine Schlange – eine Erscheinungsform des Teufels – um einen Baum windet. So ist auch das Symbol des Ordens eine Schlange. Balkan hat, ohne es zu wissen, Corso geholfen, die neunte Pforte zu öffnen. Der Bücherjäger hat sich durch Balkans Morde nicht die Hände schmutzig gemacht und hat trotzdem die Voraussetzungen für den Pakt mit dem Teufel erfüllt.

Das Motiv des Teufels kommt im Film sogar noch stärker als im Buch zum tragen. Roman Polanski lag daran, das „Buch der neun Pforten" detailgenau wiederzugeben. Er entwarf das Pentagramm, das den Buchdeckel ziert und auch der Text ist kodiertes Latein. Die Holzschnitte hat er ebenfalls dem Roman *Der Club Dumas* entnommen, jedoch an einzelnen Stellen leicht abgeändert, da die Figuren auf den Bildtafeln denen des Films ähneln sollten. Denn im Film wird nicht die Geschichte der „Drei Musketiere" nachgespielt, sondern die der „Neun Pforten".[251] Außerdem hat er auf den Bildtafeln die Namensinitialen Torchias und Luzifers ergänzt, da diese im Roman nicht ersichtlich sind. Zudem wird die Spannung des Zuschauers befriedigt, da er den neunten Originalholzschnitt zu Gesicht bekommt. Dieses Privileg hat der Leser des *Club Dumas* nicht. Den neunten Holzschnitt nahm der Regisseur als Szenario für die Vereinigung des Teufels mit Corso, den

---

[250] Vgl. Dirk Jasper Filmstarlexikon: Interview mit Roman Polanski. – www.djfl.de/entertainment/stars/r/roman_polanski_i_01.html, 01.09.2006

[251] Vgl. ebd.

Liebesakt Corsos mit der Hexe. Dafür entschied Polanski sich, da er sich für seinen Film ein dramatischeres und erotischeres Ende als das in der Buchvorlage wünschte: „Es (das Ende) sollte wie ein Abstieg zur Hölle sein, wo einen nicht Schmerz und Sühne erwarten, sondern Lust und Vergnügen."[252] Die Liebesbeziehung zwischen Corso und der Hexe tritt dafür jedoch in den Hintergrund. Vordergründig verbindet die beiden Lust. Die beiden schlafen zwar auch in der Romanvorlage miteinander – jedoch zu einem anderen Zeitpunkt der Handlung –, dem geht aber eine langsame Entwicklung der Gefühle voraus, indem sie sich näher kennen lernen. Im Buch muss Corso erst die Trennung von seiner Ex-Freundin Nikon verarbeiten, bevor er sich auf eine neue Beziehung mit Irene Adler einlassen kann. Nikon existiert im Film nicht und Corso beschränkt sich auf eine sexuelle Bekanntschaft mit dem gefallenen Engel. Im Verlauf der Geschichte verstärkt der Teufel seinen Einfluss auf Corso. Als er Lianas Leibwächter brutal niederschlägt, sagt die Hexe daraufhin bewundernd: „Ich wusste nicht, dass du zu so etwas fähig bist." Der Horror-Anteil wird durch den Teufel als Hauptthema erfüllt. Thriller-Elemente finden sich in den Morden, den Angriffen auf Corso und den, wenn auch unspektakulären, Verfolgungsjagden. In diesem Film werden unterschiedliche Arten der Literaturverfilmung vereint: Da die Themen und Motive des Romans – wenn auch in abgewandelter Form und nicht in ganzer Fülle – übernommen werden, stellt der Film eine Stoff bezogene Literaturverfilmung dar. Um eine illustrierende Verfilmung handelt es sich, weil Corso dieselben Stationen wie im Buch durchläuft und teilweise sogar ganze Sätze dem Roman entnommen wurden, was die Intertextualität betont. Insgesamt gibt es im Film jedoch deutlich weniger Dialoge als im Buch. Dies hat jedoch seinen Sinn, denn der Film muss dem Mystery-Genre gerecht werden: Viel Dialoge erschweren die Erzeugung von Spannung und Action. Die optisch originelle Umsetzung des Motivs des Teufels macht den Film schließlich zu einer interpretierenden Literaturverfilmung.

---

252 Roman Polanski [zitiert nach Dirk Jasper Filmstarlexikon: Interview mit Roman Polanski. – www.djfl.de/entertainment/stars/r/roman_polanski_i01.html, 01.09.2006]

V. Das Blut der Templer

1. Der Roman *Das Blut der Templer*

Abbildung 9: Das Blut der Templer

1.1 Leben und Werk des Autors Wolfgang Hohlbein

Abbildung 10: Wolfgang Hohlbein

Der Schriftsteller Wolfgang Hohlbein wurde am 15.08.1953 in Weimar geboren. Nach seinem Schulabschluss machte er in Krefeld eine Ausbildung zum Industriekaufmann. Als er bereits zwölf Jahre in dieser Branche arbeitete, brauchte er eine Veränderung und trat eine Stelle als Nachtwächter an. Während seinen Schichten hatte er viel Zeit und begann zu schreiben. Bereits als Kind war Hohlbein vom Fantasy- und Science-Fiction-Genre, von Märchen und Sagen begeistert, welche nun Inhalt seiner eigenen Geschichten sind.[253] 1980 schrieb er für das Transgalaxis-Magazin die Science-Fiction-Kurzgeschichte *Hamlet 2007.* Als der Verlag Bastei Autoren für seine Heftromanserien suchte, verfasste er den Roman *Zombiefieber*, der 1981 als Band 173 in den Handel kam. Unter verschiedenen Pseudonymen veröffentlichte der Schriftsteller

---

253 Vgl. Krings, Dorothee: Ernster Phantast. In: Rheinische Post. Nr. 144 vom 24.06.2000, S. 3

dann weitere Romane als Bastei-Serien. Seinen Durchbruch erhielt er 1982 mit der Geschichte *Märchenmond,* welche er gemeinsam mit seiner Frau Heike Hohlbein, die er 1972 geheiratet hatte, schrieb. Das Ehepaar schickte den Roman bei einem Fantasy-Wettbewerb des Verlages Ueberreuter ein und belegte damit den ersten Platz.[254] Nachdem das Buch verlegt wurde, wurde es 750000 Mal verkauft und erhielt den Phantastik-Preis der Stadt Wetzlar und den Preis der Leseratten des ZDF. Daraufhin machte er sein Hobby zu seinem Beruf und es folgten weitere Bücher Wolfgang Hohlbeins. Mit *Das Druidentor* stand der Autor 1993 erstmals auf der Spiegel-Bestsellerliste.[255] Wolfgang Hohlbein schreibt Heftromanserien – darunter *John Sinclair* –, verfasst Kinderbücher, Science-Fiction, historische Romane, Horror-Geschichten, Krimis und Filmromane.[256] Letzteres verbindet er mit seinen historischen Romanen, als er 2004 mit dem Fernsehsender ProSieben kooperiert, um die literarische Vorlage für den TV-Zweiteiler *Das Blut der Templer,* der von der Geschichte der Tempelritter und dem Heiligen Gral handelt, zu liefern.[257] Der Schriftsteller verbindet in seinen Romanen – so auch in *Das Blut der Templer* – gekonnt Thriller-, Fantasy- und Horrorelemente. Wolfgang Hohlbein lebt mit seiner Frau, seinen fünf Kindern, zwölf Katzen und zwei Hunden seit Anfang der sechziger Jahre in seinem Haus am Rande von Neuss und gehört mit einer Gesamtauflage von über sieben Millionen Büchern von 160 veröffentlichten Romanen zu den erfolgreichsten deutschsprachigen Autoren. Seine Bücher werden auch im Ausland verlegt.[258]

1.2 Interpretation

1.2.1 Inhaltsabriss

Im ersten Kapitel wird David von seiner Mutter Lucrezia Saintclair – die Herrin der Prieuré de Sion – in einer Kirche in Avignon getauft. Während auf dem Kirchenplatz die Tempelritter gegen die Prieuré-

---

254 Vgl. Stein, Emmanuel van: Horror aus der Provinz. In: Kölner Stadtanzeiger. Nr. 243 vom 19./20.10.2002

255 Vgl. Krings, Dorothee: Ernster Phantast. In: Rheinische Post. Nr. 144 vom 24.06.2000. S. 3

256 Vgl. Stein, Emmanuel van: Horror aus der Provinz. In: Kölner Stadtanzeiger. Nr. 243 vom 19./20.10.2002

257 Vgl. Vorausgesehen. In: buchreport.express. Nr. 50 vom 09.12.2004, S. 40

258 Vgl. Stein, Emmanuel van: Horror aus der Provinz. In: Kölner Stadtanzeiger. Nr. 243 vom 19./20.10.2002

Ritter kämpfen, nimmt der Templermeister Robert von Metz – Davids Vater – das Baby an sich, um es zu töten. Da er die Tat nicht übers Herz bringt, entführt er sein Kind.

Achtzehn Jahre später erwacht David in seinem Zimmer im Klosterinternat in Marienfeld, wo er seit seinem sechsten Lebensjahr gemeinsam mit seinem Ziehvater Quentin – ein mit Robert befreundeter Mönch – lebt. Seine Eltern kennt David nicht. Auf einer Party, zu der er von seiner Freundin Stella eingeladen wurde, wird David in eine Schlägerei verwickelt, bei der er verletzt wird. David empfindet keinen Schmerz und als er mit Stella im Krankenhaus ankommt, um sich vom Arzt untersuchen zu lassen, ist die Platzwunde am Kopf bereits beinahe wieder verheilt. Der Doktor steht in Verbindung mit der Prieuré de Sion und schickt dem Orden Davids Blutprobe zu, die ihn identifiziert. Lucrezia hofft seit Jahren ihren verlorenen Sohn wieder zu finden und beauftragt ihren Bruder Ares damit, ihr David zurückzubringen. Quentin benachrichtigt Robert über die entnommene Blutprobe, der sich umgehend auf den Weg nach Marienfeld macht, um seinen Sohn zu töten, bevor er von der Prieuré für ihre Zwecke missbraucht wird. David wird von seinem Ziehvater in die Geschichte der Tempelritter eingeweiht: Die neun Ritter, die angeblich die Nachfahren von Jesus Christus und Maria Magdalena sind und daher das Heilige Blut in ihren Adern tragen, fanden unter dem Tempelberg das Grab Jesu, das den Heiligen Gral beinhaltet, den Speer des Longius, der Jesus am Kreuz durchbohrte, und das Grabtuch des Herrn. Die Macht des Grals ist nicht für die Menschheit bestimmt, er übt jedoch eine starke Anziehungskraft aus und führte einen der Ritter – Ares – in Versuchung, aus ihm zu trinken. Bei seinem Versuch kam es zwischen den Rittern zum Kampf und der Orden spaltete sich auf in die Tempelritter, darunter auch Robert, deren Aufgabe es fortan ist, den Gral zu beschützen, und in die Prieuré de Sion, die bis zum heutigen Tag versucht, in den Besitz des Grals zu gelangen, den der Templer René von Anjou glücklicherweise retten konnte. Somit trennte sich auch die Blutlinie. Den einzigen Erfolg erzielte die Prieuré 1314, als sie nach der Verbrennung des Templergroßmeisters Jacques de Molay in den Besitz des Grabtuches gelangte.

Während Ares und sein Untergebener Shareef bereits in Davids Zimmer nach ihm suchen, wird David von einem Tempelritter entführt. Als er im Kofferraum eines Autos wieder zu sich kommt, ergreift er die Flucht, kommt jedoch nicht weit, da er in einem Flughafengebäude in einen Schwertkampf zwischen der Prieuré und den Templern gerät und diesmal von Ares entführt wird. Im Haus der Prieuré erwacht er im Beisein Lucrezias, die sich ihm als seine Mutter vorstellt und ihm

erklärt, er sei derjenige, in dem sich die Blutlinie wieder vereinigt, da er der Sohn eines Templers und einer Prieuré sei. David ist unverwundbar, seine Wunden heilen innerhalb kürzester Zeit. Die einzige Schwachstelle der Familie ist die Hauptschlagader: Um einen Tempelritter oder ein Mitglied der Prieuré zu töten, muss man ihn enthaupten. Lucrezia hetzt David gegen Robert auf, indem sie behauptet, er wäre der Mörder seines Vaters und hätte nun auch Quentin auf dem Gewissen. In Wahrheit will sie mit Davids Hilfe den Templerorden zerschlagen und in den Besitz des Heiligen Grals kommen. In den folgenden Tagen erhält David Kampfunterricht von seinem Onkel Ares, der der Schwertmeister der Prieuré ist. Als sich David mit Stella an einem abgelegenen Hügel trifft, schießt Shareef aus dem Hinterhalt der Freundin des Jungen einen Pfeil in die Schulter. Da Robert von Metz in diesem Augenblick den Schauplatz betritt, nimmt David an, er hätte Stella getötet, was seinen Hass auf ihn nur noch mehr schürt. Doch von Metz nimmt Stella mit in die Burg der Templer und rettet ihr das Leben. Als die Prieuré de Sion die Templerburg ausfindig macht, fliegt David mit den Prieuré-Rittern zu der Festung, wo es zu einem Kampf zwischen beiden Seiten kommt, in dessen Verlauf sich schließlich David und sein Vater in einer leeren Kapelle kampfbereit gegenüber stehen. Nach einem erbitterten Duell holt David zum tödlichen Stoß aus, der durch Stellas plötzliches Auftreten verhindert wird. Sie setzt ihn darüber in Kenntnis, dass Robert sein Vater ist. Durch einen Geheimgang verhilft von Metz, der es abermals nicht fertig bringt, seinen eigenen Sohn zu töten, den beiden zur Flucht. Der unterirdische Gang führt ins Freie, wo an einem Steg ein Motorboot auf die Flüchtigen wartet. David und Stella fahren mit ihm auf die andere Seite des Ufers, wo sie den Anweisungen des Navigationssystems von Roberts Auto in ein verlassenes Industriegelände folgen. Der Templermeister kehrt zur Burg zurück, um festzustellen, dass alle seine Männer tot sind, um dann seinem Sohn und dessen Freundin zu folgen. Unterdessen hat der Orden der Prieuré den Geheimgang geöffnet und in seinem Inneren das Grab von René von Anjou und mit ihm einen Siegelring an seinem Finger gefunden, den Lucrezia von einem Wissenschaftler untersuchen lässt.
Ares und Shareef haben mittlerweile über den Peilsender, den David nichts ahnend getarnt als Kette trägt, das Versteck der Drei ausfindig gemacht. Die Flüchtigen vernichten den Sender und können nach einer spektakulären Verfolgungsjagd ihren Widersachern entkommen.

Drei Tage später besitzt David eine neue Identität und hat den Entschluss gefasst, den Jahrhunderte andauernden Kampf seiner Familie zu beenden, indem er den Heiligen Gral vernichten will. Da die Reliquien zum Versteck des Grals führen, benötigt er das Grabtuch, welches sich im Besitz der Prieuré befindet. Die Drei brechen in die Devina des Ordens ein und nehmen die Reliquie an sich. Da sie jedoch bemerkt werden, kommt es erneut zu einem Kampf, bei dem Davids Vater ums Leben kommt. Zuvor übergibt er seinem Sohn sein Schwert – das Schwert des Templermeisters –, was David zu seinem Nachfolger macht. Stella und der neue Templermeister flüchten in das Kloster St. Vitus, in dem David aufwuchs. Dort treffen sie Quentin, welcher von David über die vergangenen Ereignisse aufgeklärt wird. Beim Abendessen werden sie von Ares und seinen Männern überrascht, wodurch sie, nun gemeinsam mit Quentin, erneut zur Flucht gezwungen sind. In einer im Wald gelegenen Fischerhütte finden sie Unterschlupf. Als David am darauf folgenden Morgen das von seinem Vater vererbte Schwert genauer untersucht, entdeckt er im Inneren des Griffs die Speerspitze, die Jesus am Kreuz durchbohrte, und somit die zweite Reliquie, die zum Heiligen Gral führen soll. Zusammen mit dem Grabtuch verrät sie ihnen den Aufbewahrungsort des Heiligen Grals: die Katakomben des Vatikans. So begeben sie sich umgehend nach Rom. Auch die Prieuré hat sich bereits in der Vatikanstadt eingefunden, da Renés Ring als Kaiser Konstantins Besitz identifiziert wurde, dessen Grab sich in dem unterirdischen Labyrinth des Vatikans befinden soll. Als David und seine Begleiter in den Katakomben einen Geheimgang entdecken, der sich durch die Lanze öffnen lässt, treffen Lucrezia und Shareef ein. Der junge Mann begleitet seine Mutter in die Krypta zum Grab Konstantins. Dort finden sie den Heiligen Gral in einer Truhe. Bevor sie ihn öffnen, kommt es zu einem erbitterten Kampf auf Leben und Tod zwischen Ares und seinem Neffen, den David schließlich gewinnt. Davids Blut – das Sangreal – erweckt den Heiligen Gral zum Leben, der eine substanzlose Materie darstellt. Als Lucrezia aus dem Gral trinkt, verblutet sie, da er nicht für sie bestimmt war. David verschließt wieder die Geheimtür zur Krypta und wirft ihren Schlüssel – die Lanze – in den Innenraum, sodass sie zum Schutze der Menschheit niemand jemals wieder öffnen kann.

1.2.2 Struktur und Erzählperspektive

Der Roman setzt sich aus 58 unterschiedlich langen Kapiteln auf 371 Seiten zusammen. Hier existiert zwar kein Epilog, doch das erste Kapitel stellt eine Auftakt- bzw. Schlüsselszene dar. Diese Schlüsselszene wird in einem neutralen Erzählverhalten geschildert, um dem Leser lediglich die wesentlichen Fakten zukommen zu lassen und die zentralen Figuren einzuführen. Der Autor nimmt an dieser Stelle jedoch keine konkrete Perspektive ein, da er dem Rezipienten die Zusammenhänge und Hintergründe des Geschehens bewusst vorenthalten will, um Spannung zu erzeugen. In den folgenden Kapiteln wird dem Leser der Plot von einem personalen Er-Erzähler vermittelt, durch den die Möglichkeit besteht, das Geschehen unmittelbar nach zu erleben. Hohlbein wendet dabei denselben Trick wie Dan Brown an und wechselt die Perspektive von dem Protagonisten David zu den anderen wichtigen Handlungsträgern Robert von Metz und Ares, wodurch der Leser je nach Perspektive einem Informationsdefizit (Spannung) unterliegt oder einen Informationsvorsprung (Suspense) vor anderen Figuren hat. Durch den Perspektivenwechsel spielen sich Ereignisse parallel ab. Lucrezia ist zwar auch eine Protagonisten, ihre Perspektive wird aber nicht eingenommen, da sie David und den Leser durch ihre Intrigen auf falsche Fährten führt, durch die Übernahme ihrer Sicht würde der Rezipient sofort die Täuschung aufdecken. In den meisten Fällen erfolgt der Perspektivenwechsel bei einem neuen Kapitel, wodurch gleichzeitig ein für den Leser unverständlicher Sachverhalt aufgeklärt wird, indem das gleiche Ereignis aus der Sicht einer anderen Person erzählt wird. Die einzelnen Kapitel enden auch bei diesem Mystery-Roman des Öfteren mit einem Cliffhanger. Bei einer besonders spannenden Situation (z.B. beim Diebstahl des Grabtuches[259]) wird durch mehrere kurze Kapitel zwischen den verschiedenen Perspektiven hin und her gewechselt, um die Spannung zu steigern. Durch die multiperspektivische Erzählhaltung kann am Gefühlsleben und an der Gedankenwelt der meisten Figuren teilgenommen werden. Die erzählte Zeit umfasst mehrere Tage, worauf der Leser durch Sätze wie „Keine sechsunddreißig Stunden später“ oder „In den vergangenen Tagen“ hingewiesen wird. Die Erzählzeit deckt sich somit weitgehend mit der erzählten Zeit. Durch eine ausführliche Beschreibung von Gedanken und Gefühlen findet zwischenzeitlich jedoch auch eine Zeitdehnung statt.

---

259 Vgl. Hohlbein, Wolfgang: Das Blut der Templer. Köln: vgs Egmont, 2004. S. 257 ff

1.2.3 Hauptthemen und Motive

1.2.3.1 Die Geheimbünde „Prieuré de Sion" und „Templerorden" im Kampf um den Heiligen Gral

Wolfgang Hohlbein verarbeitet denselben Stoff wie Dan Brown, jedoch auf andere – fantastischere – Art und Weise. Für einen historischen Abriss der Geheimbünde und den Heiligen Gral siehe Kapitel III. Abschnitt 1.2.3.1.

Hohlbein hält sich an die Randdaten der Geschichtsbücher, erschafft jedoch eine eigene Geschichte um den Heiligen Gral: Der Orden der Tempelritter, welcher gegen Ungläubige kämpfte, wurde vor circa eintausend Jahren kurz nach dem ersten Kreuzzug gegründet. Sie trugen damals weiße Kutten mit dem Symbol der Templer – dem roten Tatzenkreuz –, Kettenhemden und lederne Stiefel. Unter den neun Rittern befanden sich auch Robert von Metz und Ares. Nach der Eroberung Jerusalems gruben sie neun Jahre lang unter dem salomonischen Tempelberg, wo sie schließlich das Grab Jesu Christi fanden – einen einfachen Holzsarg – und mit ihm die Reliquien: das Grabtuch, mit dem Jesu Leichnam bedeckt wurde, und der Speer des Longius, mit dem Christus am Kreuz durchbohrt wurde. Die Tempelritter hatten Grund zur Annahme, dass sich der Heilige Gral im Inneren des Sarkophags befand. Wer aus dem Heiligen Gral trinkt, wird unsterblich und erlangt grenzenlose Macht. Jene Macht ist jedoch nicht für Menschenhände bestimmt. Da der Gral aber eine große Anziehungskraft und Verlockung ausübt, konnte einer der Tempelritter – Ares – nicht widerstehen und schickte sich an, ihn aus dem Sarg zu holen, um aus ihm zu trinken. Daraufhin kam es zwischen den Rittern zum Kampf, in dessen Verlauf sich zwei Parteien bildeten: Die Verräter ernannten sich selbst zur Prieuré de Sion, bestehend aus vier Rittern und angeführt von Ares, und die restlichen fünf Tempelritter, darunter Robert von Metz und René von Anjou. An diesem Tag trennte sich die Blutlinie, denn eine Legende besagt, dass in den Adern der neun Templer das Sangreal fließt. Sie besäßen das Heilige Blut, da sie direkte Nachfahren von Jesus Christus und Maria Magdalena seien und nur sie wären in der Lage, das Grab zu öffnen. Dadurch unterliegen sie nicht dem Prozess der Vergänglichkeit[260] und besitzen übermenschliche Regenerationskräfte, wodurch ihre Wunden innerhalb kürzester Zeit wieder verheilen. Um einen von ihnen zu töten, muss man sie enthaupten.[261] René

---

260 Vgl. ebd. S. 34

261 Vgl. ebd. S. 139

gelang es, das Grab und die Reliquien vor der Prieuré zu retten und in ein geheimes Versteck zu bringen. Die Aufgabe der Tempelritter ist es von nun an, den Heiligen Gral und seine Reliquien zu beschützen, worauf sie einen Eid ablegten. Am 13. Oktober 1307 erfolgte dann die Inquisition. Als der letzte Großmeister der Templer – Jacques de Molay – 1314 von König Philipp dem Schönen auf dem Scheiterhaufen verbrannt wurde, wurde der Orden offiziell aufgelöst, existierte jedoch im Untergrund bis zum heutigen Tage weiter. Bei Molays Verbrennung gelang die Prieuré jedoch in den Besitz des Grabtuches. Sie benötigt allerdings auch die zweite Reliquie – die Lanze –, um das Versteck des Heiligen Grals aufspüren zu können.[262]

Noch heute kämpfen die beiden Geheimbünde gegeneinander. Der düstere Geheimbund Prieuré de Sion wird von Lucrezia Saintclair angeführt, die einen weitreichenden Einfluss und ein beachtliches Vermögen besitzt.[263] Ihre Ziele erreicht sie, wenn nötig, auch mit Intrigen. Ihr dienen mehrere Ritter, angeführt von ihrem Bruder Ares – dem Schwertmeister –, die für die gemeinsame Sache morden. Jene Ritter tragen schwarze Anzüge mit weißen Hemden und Sonnenbrillen.[264] Sie sind mit Maschinenpistolen bewaffnet,[265] kämpfen aber meistens mit Schwertern. Trotzdem besitzen sie hochmoderne technische Geräte und verfügen somit auch über digitale Überwachungsmethoden. Der Sitz der Prieuré ist eine noble Devina, die von Dobermännern bewacht wird.[266] Der Templerorden wird von Robert von Metz angeführt. Sein Amt als Templermeister verlangt Selbstbeherrschung und Disziplin, da er seine Pflicht über seine individuellen Interessen stellen muss.[267] Die übrigen Ritter haben sich verpflichtet, seinen Anweisungen bis in den Tod zu folgen. Im Laufe der Jahrhunderte sind zwar etliche Ritter gestorben, ihr Platz wurde jedoch sofort neu besetzt, sodass der Geheimbund immer noch aus neun Templern besteht. Daneben besitzt der Orden weitere Kämpfer, die jedoch keine Templer sind. Ihr geheimes Versteck befindet sich in einer mittelalterlichen Burg, die bereits vor mehreren hundert Jahren errichtet wurde.[268] Kein Außenstehender darf in die Geheimnisse der Tempelritter eingeweiht werden. Noch heute

---

262 Vgl. ebd. S. 81 ff

263 Vgl. ebd. S. 71

264 Vgl. ebd. S. 5

265 Vgl. ebd. S. 27

266 Vgl. ebd. S. 142

267 Vgl. ebd. S. 151

268 Vgl. ebd. S. 126

halten sie sich an die Ordensregeln Armut, Keuschheit und Demut.[269] Die neuzeitlichen Ritter tragen knöchellange Mäntel und ein ledernes Wams.[270] Ihre Waffen bestehen ausschließlich aus Schwertern. Auf dem Schwert des Templermeisters ist das Tatzenkreuz in Gold eingefasst.[271]

Vor achtzehn Jahren schliefen Robert und Lucrezia miteinander. Aus deren Liebe entstand David. Als Sohn eines Templers und einer Prieuré ist er derjenige, der die Blutlinie wieder vereint und der den Kampf zwischen den beiden Seiten um ihr gemeinsames Erbe beenden soll.[272] Zu diesem Zweck will David den Heiligen Gral zerstören. Dieser befindet sich in den Katakomben des Vatikans beim Grab Konstantins in einer hölzernen Truhe, bedeckt von René von Anjous Umhang. Der Gral selbst ist ein rechteckiges, silbrig glänzendes Objekt. Er besteht aus einer substanzlosen Materie, aus purer Macht und besitzt einen Strichcode, den David durch sein Blut aktiviert. Bei seiner Berührung spürt David nichts, als wäre der Gral unsichtbar. Als der Quader zum Leben erweckt wird, entfährt ihm ein Blitz, der die Krypta in gleißendes, weißes Licht taucht. Als Lucrezia aus ihm trinkt, verblutet sie, denn der Gral war nicht für sie, sondern für David bestimmt. Mit ihrem Tod nimmt der Gral durch einen erneuten Blitz wieder seine ursprüngliche feste Gestalt an.[273] David hat den Kampf um den Heiligen Gral beendet, denn nach der mörderischen Schlacht existiert weder die Prieuré de Sion, noch die Tempelritter.

1.2.3.2 Die Schnitzeljagd um den Heiligen Gral

Der Großteil der Erzählung handelt von David und seiner Familie. Über den geschichtlichen Hintergrund der Tempelritter, der Prieuré und des Heiligen Grals wird der Protagonist zu Beginn des Plots von seinem Ziehvater Quentin aufgeklärt. Die eigentliche Schnitzeljagd setzt erst am Ende des Plots ein. Die Reliquien – das Grabtuch und die Lanze – weisen den Weg zum Heiligen Gral. Das Grabtuch zeichnet nicht nur die Konturen von Jesus ab,[274] sondern enthält auch einen Code. Auf dem Tuch sind mehrere Punkte, Kreuze, Striche und zwei Quader aufgemalt, insgesamt sind es zehn Zeichen. Zusätzlich ist es mit In-

269 Vgl. ebd. S. 233

270 Vgl. ebd. S. 9

271 Vgl. ebd. S. 39

272 Vgl. ebd. S. 120 f

273 Vgl. ebd. S. 365 ff

274 Vgl. ebd. S. 269

schriften versehen: PEZU, OPSKIA, IHSOY, NAZARENUS.[275] Die silberne Lanze ist im Griff des Templerschwertes unter dem Tatzenkreuz versteckt. Sie enthält zehn eingestanzte, kreisrunde Öffnungen. Als die Schatzsucher die Öffnungen auf dem Grabtuch an die Stelle, an der Jesus mit der Lanze durchbohrt wurde, in eine Position bringen, bei der in jedem Loch ein Buchstabe anzeigt wird, erscheint das Wort „Saxum Petri" („Fels Petri"). Da der Vatikan auf dem Fels Petri gebaut ist, schlussfolgern sie, dass sich das Grab unter dem Zentrum der christlichen Gemeinde befindet. Da die Katakomben jedoch ein endloses Labyrinth sind, benötigen die Drei auch eine Wegbeschreibung. Als sie die Lanze über die diversen Zeichen auf dem Grabtuch legen, erhalten sie eine Schatzkarte, auf der sie lediglich zwei Kreuze miteinander verbinden müssen, um den Weg zu Kaiser Konstantins Grab zu erkennen.[276] Die Geheimtür zu der Krypta lässt sich mit der Lanze öffnen, welche in eine dreieckige Öffnung unter einem in Stein gemeißelten Strichcode geschoben werden muss.[277] Dieser Strichcode wiederholt sich auf dem Heiligen Gral. Als Lucrezia Davids blutende Hand auf den Quader presst, fließt sein Blut wie durch Magie in die Kerben des Codes, bis das gesamte Muster von seinem Blut durchtränkt ist und der Heilige Gral zum Leben erweckt wird. David, Stella und Quentin finden zwar viele Begebenheiten durch Zufall heraus, setzen jedoch trotzdem ihre Intelligenz und ihr Wissen bei der Suche nach dem Heiligen Gral ein.

1.2.4 Protagonisten

1.2.4.1 David

Der achtzehnjährige David ist ein Meter siebzig groß, hat dunkelblonde, kurz geschnittene Locken, braune Augen und eine schlanke, sportliche Figur.[278] Er wohnt seit seinem sechsten Lebensjahr im Klosterinternat Marienfeld und lebt in einer kleinen Welt, denn außerhalb des Internats kennt er nichts und niemanden. Die Jahre davor verbrachte er im Schweigekloster St. Vitus. Er wuchs ohne Eltern auf, sein Ziehvater ist ein Mönch namens Quentin, der David zu Selbstlosigkeit und Bescheidenheit erzogen hat.[279] Der Schüler ist neugierig und wissensdurs-

---

275 Vgl. ebd. S. 300 f

276 Vgl. ebd. S. 320 ff

277 Vgl. ebd. S. 351 f

278 Vgl. ebd. S. 20

279 Vgl. ebd. S. 13 f

tig.[280] Dementsprechend gut fallen auch seine Zeugnisse aus.[281] Sein Wissen, seine Intelligenz und die Fähigkeit zur logischen Kombination (z.B. bei der Flucht aus dem Flughafen[282]) retten ihm des Öfteren das Leben und helfen David die geheimen Botschaften auf der Schnitzeljagd zu lösen. Ganz im Gegenteil zu anderen Jugendlichen seines Alters verbringt er den Großteil seiner Freizeit in der klostereigenen Schulbibliothek, wo er griechische und lateinische Texte für Quentin übersetzt, ein eher langweiliger Lebensstil, wie er selbst findet. Da ihn auch seine Mitschüler langweilig finden, hat er keine Freunde. Stella und er sind jedoch verliebt. David glaubt zwar an Gott, ist jedoch nicht gewillt, selbst einmal Mönch zu werden. Daher hat er vor, nach seinem Abitur das Kloster zu verlassen, weiß allerdings noch nicht, welchen Beruf er anstreben will.[283] Hinzu kommt erschwerend, dass er sich von Quentins ständiger Besorgtheit eingeengt fühlt.[284] Seine übermenschlichen Kräfte entdeckt David erstmals auf einer Party, als er seinem Mitschüler Frank den Kiefer bricht. In dieser Situation empfindet er zum ersten Mal in seinem Leben richtige Wut.[285] Diese Aggressivität sieht David als keine ihm zugehörige Eigenschaft an und bezeichnet sie als „Dämon“[286]. Als er im Krankenhaus untersucht wird, ist seine Wunde bereits beinahe wieder verheilt.[287] Als er schließlich Stück für Stück seine Familie kennen lernt, ändert sich sein Leben von Grund auf. Zunächst macht er mit seiner Mutter Lucrezia Saintclair und seinem Onkel Ares Bekanntschaft. Sie erklärt David seine Funktion als Schlüssel zum Heiligen Gral und teilt ihm mit, dass auch in ihm das Sangreal fließt.[288] Obwohl David nun endlich bei seiner Mutter ist, fühlt er sich in ihrer Nähe nicht zu Hause. Er erfährt lediglich ein Gefühl der Mutterliebe, wenn Lucrezia ihn umarmt, länger hält das wohlige Gefühl allerdings nicht an.[289] Lucrezia schürt Davids Hass auf Robert von Metz, dessen Tod sich David nun zum Lebensziel gemacht hat. Zu diesem Zweck trainiert er täglich mit seinem Onkel den Schwertkampf. Er

---

280 Vgl. ebd. S. 81

281 Vgl. ebd. S. 94 f

282 Vgl. ebd. S. 103

283 Vgl. ebd. S. 13 f

284 Vgl. ebd. S. 42

285 Vgl. ebd. S. 51 f

286 Vgl. ebd. S. 61

287 Vgl. ebd. S. 58 f

288 Vgl. ebd. S. 120 f

289 Vgl. ebd. S. 128 f

selbst ist von seiner Ausdauer, seiner Kraft und seinem Geschick überrascht, doch er hat die kämpferischen Eigenschaften im Blut.[290] Nach der Ausbildung ist der junge Mann schließlich der beste Prieuré-Ritter, den es gibt, hat sich jedoch auch charakterlich stark verändert: Er ist von Hass erfüllt, hat Rachegelüste und fühlt sich als Held, der die Welt retten will:

> „David bedauerte nicht, dass sein altes Ich sich so drastisch von ihm abgewandt hatte und sich zunehmend auf ein endgültiges Lebewohl vorzubereiten schien. Er war ein naiver Trottel gewesen, ein weltfremder Warmduscher, dessen Horizont sich auf dem Höhepunkt seines Seins zwischen grammatischen Regeln und dem Klassenbuch bewegt hatte. Seine Welt war klein, einfach und überschaubar gewesen, aber das war endgültig vorbei. Er war ein Mann, und die Welt brauchte seine Hilfe."[291]

Als David dann zwischen die Fronten gerät und Robert von Metz – seinen Vater – kennen lernt, bemerkt er, dass seine Mutter ihn für ihre Zwecke missbraucht hat und ist maßlos von ihr enttäuscht. Deshalb schlägt er sich nun auf die Seite seines Vaters.[292] Bei ihm fühlt er sich nun zu Hause, da er ihm vertrauen kann, denn aus Roberts Augen liest David Ehrlichkeit.[293] Mit seinem kindlichen Trotz schafft es David, Robert davon zu überzeugen, den Heiligen Gral zu zerstören.[294] Beim gemeinsamen Diebstahl des Grabtuches kommt Robert von Metz jedoch ums Leben und David verliert den soeben gewonnen Vater wieder. Jetzt ist David erneut alleine, die einzigen Personen, die er noch hat, sind Quentin und seine Freundin Stella, die er über alles liebt und die seine einzige Verbindung zur Wirklichkeit ist.[295] Im Verlauf der Ereignisse, verstärkt sich die Bindung zwischen den beiden. Roberts Übergabe seines Schwertes an seinen Sohn macht David zu dessen Nachfolger als Templermeister. David will dieses Erbe und die damit verbundene Verantwortung aber nicht antreten, da er frei sein will.[296] Er muss diesen Kampf jedoch beenden, um sein nun geschätztes altes, normales Leben wiederzuerlangen: „Weil ich endlich begriffen habe, dass es

---

290 Vgl. ebd. S. 145

291 Hohlbein, Wolfgang: Das Blut der Templer. Köln: vgs Egmont, 2004. S. 178

292 Vgl. Hohlbein, Wolfgang: Das Blut der Templer. Köln: vgs Egmont, 2004. S. 237

293 Vgl. ebd. S. 210

294 Vgl. ebd. S. 252 ff

295 Vgl. ebd. S. 291

296 Vgl. ebd. S. 300 ff

nichts Schöneres gibt, als ein stinknormales, rundum unspektakuläres Leben in Frieden und den Alltagstrott, den ich zuletzt von Herzen verwünscht habe."[297] Als seine Mutter aus dem Heiligen Gral trinkt, verstirbt sie ebenfalls. David hat im Verlauf der Ereignisse seine Familie gefunden und gleichzeitig verloren, kennt nun aber seine Identität, ist gereift und kann nun endlich ein neues Leben beginnen. Davids Charakter ist dynamisch, da er sich im Verlauf der Geschichte durch Wendepunkte immer wieder verändert.

1.2.4.2 Robert von Metz

Robert von Metz hat sich als Templermeister der Tempelritter dazu verpflichtet, den Heiligen Gral mit seinem Leben zu beschützen. Dieser Aufgabe hat er sein Herz verschrieben.[298] Er ist sportlich gebaut, hat klare, blaue Augen, dunkelblonde Haare und einen silbrig schimmernden Dreitagebart. Wie die übrigen Mitglieder trägt auch er stets sein Schwert bei sich und bekleidet sich mit einem knöchellangen Mantel und einem ledernen Wams.[299] Rachegelüste gehören nicht zu den Wesenszügen des intelligenten Mannes, dennoch ist er einer der besten Kämpfer der Heiligen Familie. Er wendet Gewalt nur an, wenn es sich nicht umgehen lässt, denn im Grunde verabscheut er sie.[300] Was womöglich daran liegt, dass von Metz in seinem bereits mehrere hundert Jahre andauerndem Leben, in dessen Verlauf er mehrmals seine Identität ändern musste, schon viele Freunde verloren hat.[301] Sein Alter sieht man Robert jedoch nicht an, er hat das Aussehen eines Endvierzigers.[302] Der Ritter übt jedoch auch einen neuzeitlichen Beruf aus: er ist Kunsthändler.[303] Er liebt Lucrezia, mit der er vor achtzehn Jahren ein Kind – David – gezeugt hat. Robert fühlte sich damals so sehr von ihr angezogen, dass er sofort mit ihr schlief, ohne sie näher kennen zu lernen. Als er herausfand, dass sie die Herrin der Prieuré ist und die beiden somit gegeneinander kämpfen, beendete er die kurzweilige Beziehung. Er spricht von Lucrezia als „sein Vergehen".[304] Noch heute lässt

---

297 Hohlbein, Wolfgang: Das Blut der Templer. Köln: vgs Egmont, 2004. S. 214

298 Vgl. Hohlbein, Wolfgang: Das Blut der Templer. Köln: vgs Egmont, 2004. S. 252

299 Vgl. ebd. S. 9

300 Vgl. ebd. S. 28

301 Vgl. ebd. S. 111

302 Vgl. ebd. S. 120

303 Vgl. ebd. S. 98

304 Vgl. ebd. S. 142

er sich von ihr immer wieder einwickeln, fühlt sich sogar unfähig, sich ihr gegenüber aufzulehnen[305] und noch heute schmerzt ihn die Enttäuschung.[306] Weil sie ihren gemeinsamen Sohn benutzen will, um an den Heiligen Gral zu kommen, ist es Roberts Pflicht, David zu töten. Dies bringt er jedoch nicht übers Herz, obwohl Selbstbeherrschung, Disziplin und eine gewisse Unnahbarkeit, die sich bei von Metz in seiner verschlossenen und weniger redseligen Art zeigt, zu seinem Charakter gehören und als Templermeister ebenfalls zu seinen Pflichten zählen.[307] Bei Quentin bringt er David in Sicherheit. Über sein Versagen empfindet er Scham, Hilflosigkeit und Selbstzweifel. Dennoch liebt er David und würde ihn am liebsten an seinem Leben teilhaben lassen.[308] Aufgrund seiner Ehrlichkeit kann er diesen Wunsch noch vor seinem Tod erfüllen und vertraut David seine Nachfolge an. Sein Sohn hat es letztendlich geschafft, Robert von Metz zu beweisen, dass es sich lohnt, auf sein Herz zu hören.

1.2.4.3 Lucrezia Saintclair

Lucrezia Saintclair ist die Großmeisterin der Prieuré de Sion und eine wunderschöne Frau, die trotz ihres mehrere Jahrhunderte umfassenden Lebens sehr jugendlich wirkt: Sie hat dickes, goldblondes Haar, volle, geschwungene Lippen, eine schmale Nase und große, blaue Augen. Ihre Brauen wirken wie gemalt und nicht nur ihre hohe Stirn ist frei von Falten, sondern ihr ganzes Antlitz ist makellos, was beinahe an Perfektion grenzt. Nicht weniger perfekt ist ihre schlanke Figur, die sie meist mit samtenen, bodenlangen, eng anliegenden Kleidern betont. Ihre Stimme ist, wie alles an ihr, sanft und leise, was sie noch verführerischer macht.[309] Die Befehlshaberin der Prieuré besitzt einen weitreichenden Einfluss und ein großes Vermögen[310] und hat immer alles unter Kontrolle, sich selbst mit eingeschlossen. Das einzige Mal, bei dem sie ihre Selbstbeherrschung verliert, ist der Verlust ihres Sohnes, als Robert von Metz David entführt.[311] Sie glaubt an Gott und an die Geschichte des Heiligen Blutes.[312] In den achtzehn Jahren, in denen sie ih-

305 Vgl. ebd. S. 35

306 Vgl. ebd. S. 221

307 Vgl. ebd. S. 151

308 Vgl. ebd. S. 164

309 Vgl. ebd. S. 7 f

310 Vgl. ebd. S. 71

311 Vgl. ebd. S. 65

312 Vgl. ebd. S. 138

ren Sohn vermisst, betet sie jeden Tag und bittet Gott, ihr David wieder zurück zu bringen. Lucrezia ist sich ihrer Ausstrahlung und ihrer Wirkung auf Männer durchaus bewusst und nutzt sie intelligent zu ihrem Vorteil.[313] Doch nicht nur Männer manipuliert sie gekonnt, sondern auch ihren eigenen Sohn. Skrupellos und kaltblütig hetzt sie ihn gegen seinen eigenen Vater auf, verzaubert ihn mit einer ihrer vielen verschiedenen Lächeln, welche sie je nach Situation auflegt,[314] und heuchelt ihm damit Mutterliebe vor. In Wahrheit benutzt sie David jedoch nur, um in den Besitz des Heiligen Grals zu gelangen, welcher ihr ewiges Leben und unbegrenzte Macht verspricht. Lucrezias gesamter Lebensinhalt ist die Suche nach dem Heiligen Gral. Auch wenn sie David und Robert liebt, stellt die machtgierige Frau dennoch den Gral an oberste Stelle, für den sie sogar die beiden geliebten Menschen opfern würde,[315] was sie schließlich auch tut, als sie Robert mit ihrem Ultimatum gegenüber David zwingt, sich selbst zu töten. Selbst über den Tod ihres Bruders Ares ist sie nicht betrübt: „Seine (Davids) Mutter sah zufrieden auf den entstellten Leichnam ihres Bruders hinab."[316] Sobald der Heilige Gral ins Spiel kommt, ist Lucrezia nicht mehr unterkühlt, sondern lässt sich von ihren Emotionen beherrschen.[317] Als sie schließlich vor ihm steht, wird sie wahnsinnig[318] und ist zum ersten Mal in ihrem Leben glücklich.[319] Diesen kurzen erfüllten Moment bezahlt sie jedoch mit ihrem Leben, da der Gral nicht für sie bestimmt war. Der Jahrhunderte lange Kampf war für sie also völlig umsonst.

1.2.4.4 Ares Saintclair

Auch Ares Saintclair, dem man ebenso wenig wie den übrigen Mitgliedern der Heiligen Familie sein bereits lang andauerndes Leben ansieht, ist für einen Mann ungewöhnlich attraktiv: Er misst einen Meter neunzig, hat schwarze Haare, stechend blaue Augen und eine schmale Nase,[320] in die er regelmäßig Kokain schnupft.[321] Die rechte Hälfte sei-

313 Vgl. ebd. S. 34

314 Vgl. ebd. S. 114

315 Vgl. ebd. S. 222 f

316 Hohlbein, Wolfgang: Das Blut der Templer. Köln: vgs Egmont, 2004. S. 364 f

317 Vgl. Hohlbein, Wolfgang: Das Blut der Templer. Köln: vgs Egmont, 2004. S. 287

318 Vgl. ebd. S. 356 ff

319 Vgl. ebd. S. 368

320 Vgl. ebd. S. 27

321 Vgl. ebd. S. 88 f

nes schlanken, muskulösen Körpers wird von einem geschwungenen Tatoo geschmückt, das bis zum Hals hinaufreicht.[322] Er ist der Schwertmeister der Prieuré und Lucrezias Bruder. Bereits als Kind erteilte sie ihm Befehle.[323] Als ihre rechte Hand tötet der überaus begabte Kämpfer alle Feinde, die seiner Schwester im Wege stehen.[324] Das Morden sieht er als seine Bestimmung[325] und es bereitet ihm sichtlich Freude.[326] Sein Markenzeichen ist sein herablassendes, siegessicheres Lächeln, das er auch während eines verbissenen Kampfes nicht verliert.[327] Ares weiß nicht, ob er an das Heilige Blut glauben soll, er ist lediglich dankbar für seine besonderen Kräfte.[328] Und auch der Gral ist ihm gleichgültig. Einfühlungsvermögen und Mitgefühl sind für den Prieuré-Ritter Fremdwörter, Arroganz dagegen nicht.[329] Die Ausdrucksweise des Hünen ist ordinär, mit sarkastischen Sprüchen sorgt er beim Leser jedoch ab und an für Erheiterung. Der einzige Mensch, der ihm etwas bedeutet, ist seine Schwester. Als diese ihn zurückweist und Ares die Befehlsgewalt für die Männer des Ordens entzieht, verliert er alles, was ihm etwas bedeutet und stürzt in eine Krise:

> „Ares fühlte sich, als hätte ihm jemand den Boden unter den Füßen weggerissen, oder, besser gesagt, als entrisse ihm jemand seine Schwester. [...] Es war ein letzter, verzweifelter Versuch, sie, seine Schwester, alles, was ihm auf dieser Welt wichtig war [...] zurückzugewinnen. Er ging bildlich gesprochen vor ihr auf die Knie, auf die seine Würde sich bislang nie hatte hinab zwingen lassen. [...] Ein Teil von ihm verreckte in diesen Sekunden tatsächlich, erstickte elendiglich unter dem Gewicht seiner maßlosen Enttäuschung. [...] Er hatte alles mit sich machen lassen für ein bisschen Anerkennung, ein bisschen Zuneigung und ein glückliches Lächeln."[330]

Dieser erste und einzige Einblick in Ares Innenleben macht ihn menschlicher. Er zeigt seine Gefühle jedoch nicht, sondern stürzt sich

---

322 Vgl. ebd. S. 6

323 Vgl. ebd. S. 206

324 Vgl. ebd. S. 28

325 Vgl. ebd. S. 90

326 Vgl. ebd. S. 112 f

327 Vgl. ebd. S. 32

328 Vgl. ebd. S. 89

329 Vgl. ebd. S. 47

330 Hohlbein, Wolfgang: das Blut der Templer. Köln: vgs Egmont, 2004. S. 332 f

stattdessen in einen Kampf auf Leben und Tod mit seinem Neffen, den er letztendlich verliert.

1.2.5 Sprache und Stil

Wolfgang Hohlbeins Roman ist im postmodernen Schreibstil verfasst. Die Charaktere und ihr äußeres Erscheinungsbild werden ausführlich beschrieben, meist aus der Sicht anderer Figuren. Zusätzlich werden die Protagonisten durch den für sie typischen Jargon charakterisiert, beispielsweise zeichnet sich Ares durch einen ordinären Wortschatz aus. Abgesehen davon erheitert der Autor den Leser oftmals mit einer ironisch gefärbten Rede, z.B.:

> „Innerlich war er die ganze Zeit darauf vorbereitet, dass Ares oder Shareef unversehens im Gästezimmer auftauchten und ihm die Kehle durchtrennten oder einen Pflock in die Brust rammten, nur um ihm zu demonstrieren, wie unglaublich schnell seine Wunden heilten […]“[331]

Am Innenleben der Figuren nimmt der Leser mittels der erlebten Rede teil:

> „Verdammt, gerade erst hatte er (David) ernsthaft mit dem Gedanken zu spielen begonnen, Quentin zu verlassen. Er hatte sich stark und reif genug für die große, weite Welt da draußen gefühlt – und wie weit war er gekommen? Schon nach weniger als tausend Metern war er jämmerlich gescheitert!“[332]

Rückblicke verraten die Geschichte des Heiligen Grals, der Tempelritter und der Prieuré de Sion und somit die Vergangenheit von Ares, Lucrezia und Robert von Metz. Der Leser kann Situationen, in denen sich die Figuren befinden, lebhaft nachvollziehen, da der Autor für ihre Beschreibung auf Metaphern und bildhafte Vergleiche zurückgreift:

> „[…] während sein Blick zwischen der Klinge in seiner Hand und dem Schwert, das der Dunkelhaarige hielt, hin und her irrte wie der eines in die Enge getriebenen Kitzes zwischen Wölfen, die es bereits unwiderruflich auf ihre Speisekarte gesetzt hatten und es nur noch in mundgerechte Stücke reißen mussten.“[333]

Besondere Dramatik versieht Hohlbein mit einem Ausrufezeichen: „Der seltsame Ritter legte den Säugling auf dem Altar ab – und setzte

---

331 Hohlbein, Wolfgang: Das Blut der Templer. Köln: vgs Egmont, 2004. S. 134

332 Hohlbein, Wolfgang: Das Blut der Templer. Köln: vgs Egmont, 2004. S. 56

333 Hohlbein, Wolfgang: Das Blut der Templer. Köln: vgs Egmont, 2004. S. 114

die Spitze seines Schwertes auf die Brust des Kindes!"[334] Der Schriftsteller legt außerdem viel Wert auf szenische Darstellung, was sich in seinen langen, verschachtelten Sätzen zeigt, die stets mit zahlreichen Adjektiven zur Beschreibung ausgeschmückt sind. Mit ihnen gibt er dem Leser z.B. detaillierte Raumbeschreibungen.[335] Der Autor verbindet in seinem Mystery-Roman mehrere Genres: Der durch die multiperspektivische Erzählhaltung erzeugte Suspense und die Spannung sind wesentliche Merkmale des Thrillers. Mithilfe von Vorausdeutungen wird diese Spannung beim Leser zusätzlich gesteigert: „Der Wagen bot ausreichend Platz für das zappelnde, um sich tretende und schlagende Bündel, als das sein Neffe gleich eingeladen werden würde."[336] Typisch für diese Gattung ist auch, dass David und seine Begleiter ständig auf der Flucht sind, wodurch es zu mehreren Verfolgungsjagden kommt, welche dem Plot ein hohes Maß an Dynamik und Action verleihen. Gleichzeitig lässt er fantastische Elemente in die Geschichte einfließen, indem er den Tempel- und Prieuré-Rittern magische Kräfte zuschreibt: Ihre Wunden heilen innerhalb kürzester Zeit und sie sind ungewöhnlich stark und talentiert im Schwertkampf. In diesem Zusammenhang präsentiert Hohlbein dem Rezipienten ausführlich beschriebene, dem Horror-Genre angehörige, brutale Kampfszenen: „Das Blut schoss in einer Fontäne aus dem kopflosen Körper und besudelte nicht nur Ares' unbeirrt lächelndes Gesicht, sondern auch David [...]."[337] Die Duelle der mit Schwertern kämpfenden Ritter finden dabei an öffentlichen Plätzen, wie im Flughafen oder auf einem Kirchenvorplatz, statt, wodurch der Historie die Tür in die Neuzeit geöffnet wird und mit ihr verschmilzt. Auch die Mythen des Heiligen Grals verschmelzen durch die Schnitzeljagd mit der Realität, was ein Merkmal des Magischen Realismus ist. Hohlbein gibt die mysteriöse Atmosphäre, in der sich die Schatzsucher befinden, gekonnt wieder:

> „Im Schein des kleinen Strahlers tasteten sie sich langsam durch die unheimliche, schier unendliche Nekropole, in der nur das Geräusch ihrer Schritte und ein rhythmisches, leises Klopfen wie das Tropfen von Wasser die Ruhe der unzähligen Toten störte, deren Gebeine in den Wänden zuweilen deutlicher auszumachen waren, als es David lieb war."[338]

334 Hohlbein, Wolfgang: Das Blut der Templer. Köln: vgs Egmont, 2004. S. 11

335 Vgl. Hohlbein, Wolfgang: Das Blut der Templer. Köln: vgs Egmont, 2004. S. 6 f

336 Hohlbein, Wolfgang: Das Blut der Templer. Köln: vgs Egmont, 2004. S. 89

337 Hohlbein, Wolfgang: Das Blut der Templer. Köln: vgs Egmont, 2004. S. 190

338 Hohlbein, Wolfgang: Das Blut der Templer. Köln: vgs Egmont, 2004. S. 343

Der Plot des Mystery-Romans wird kontinuierlich erzählt und kommt zu einem geschlossenen Ende. Wolfgang Hohlbein selbst schreibt den Erfolg seiner Bücher seinem Schreibstil zu: „Ich weiß nicht, warum meine Bücher so erfolgreich sind. Vielleicht, weil ich sehr präzise beschreibe. Ich durchlebe alle Szenen bis ins Detail."[339]

1.2.6 Botschaft

Auch Wolfgang Hohlbein greift das allseits beliebte Thema des Heiligen Grals und der Tempelritter auf. Er stellt ebenfalls die These auf, Jesus und Maria hätten Nachkommen gezeugt. Der Autor zeigt jedoch mit seinem Mystery-Roman, dass diese Thematik auch auf fantastische Art und Weise verarbeitet werden kann, indem er mittelalterliche Ritter in die Neuzeit projiziert. Hohlbein muss, im Gegensatz zu Dan Brown, keinen Wahrheitsgehalt nachweisen, der Leser lässt sich auf ein fiktives Abenteuer ein.

1.2.7 Der Roman in der Kritik

Der Roman stieg nach seinem Erscheinen auf Platz 17 der Spiegel-Bestsellerliste und stieß in Verbindung mit dem TV-Zweiteiler auf so großen Erfolg, dass der Autor daraufhin einen zweiten Roman verfasste, der die Vorgeschichte zu *Das Blut der Templer* liefert. Dieser zweite Teil ist zehn Jahre früher angesiedelt und hat ebenfalls die Suche nach dem Heiligen Gral zum Thema.[340] Ein Rezensent von *Die Welt* beschreibt Hohlbeins Schreibstil mit einem treffenden Satz und liefert gleichzeitig die Überleitung zum nächsten Kapitel: „Hohlbeins große Stärke sind die Bilder, die er heraufbeschwört. Fast meint man beim Lesen einen Film zu sehen, so detailverliebt beschreibt der Kinofan seine Szenen."[341]

---

339 Wolfgang Hohlbein [zitiert nach: Krings, Dorothee: Ernster Phantast. In: Rheinische Post. Nr. 144 vom 24.06.2000. S. 3]

340 Vgl. hohlbein.net: Das Blut der Templer, 23.09.2006. – www.hohlbein.net/de/h/h0hb01s14g/index.htm, 27.09.2006

341 hohlbein.net: Presse. – www.hohlbein.net/de/pr/_main/index.htm,01.10.2006

2. Der Film *Das Blut der Templer*

Abbildung 11: DVD-Cover *Das Blut der Templer*

2.1 Leben und Werk des Regisseurs Florian Baxmeyer

Abbildung 12: Florian Baxmeyer

Florian Baxmeyer wurde 1974 in Essen geboren. Von 1995 bis 1998 studierte er in Köln zunächst Soziologie und arbeitete im letzten Jahr dieses Studiums als zweite Regieassistenz,[342] u. a. bei Christoph Eichhorn, Diethardt Küster und Raoul W. Heimrich. Dies bereitete ihm sichtlich Freude, da er nach seinem Studienabschluss weiterhin als Regieassistent bei Jürgen Roland und Axel Barth tätig war. Schließlich entschloss er sich, sein Hobby zum Beruf zu machen und begann 2000 das Studium der Filmregie an der Universität Hamburg. Seinen Abschluss machte er dort 2002. Während dieses Studiums entstanden die Kurzfilme *Pas de deux* (2000), *Benny X* (2001) und *Die rote Jacke* (2002). Für letzteren erhielt Baxmeyer zahlreiche Auszeichnungen: den Produzentenpreis des internationalen Studentenfilmfestivals, den ProSieben-Nachwuchspreis, den Studio-Hamburg-Nachwuchspreis und 2003 erhielt er den Studenten-Oscar „Bester Kurzfilm". *Die rote Jacke* war 2004 sogar für den Oscar in der Kategorie „Bester Kurzfilm" nominiert. Im Jahr 2001 produzierte der angehende Regisseur außerdem die Kino-

---

342 Vgl. Internet Movie Database: Biography for Florian Baxmeyer. – www.imdb.com/name/nm1140801/bio, 16.08.2006

werbung *Centro, der Verkäufer* und das Musikvideo *Joker: Zu Fuß auf der Flucht*. Nach seinem Abschluss produzierte er vier Folgen der Krimiserie *Großstadtrevier*: *Der große Knall* (2002), *Tote Liebe* (2003), *Eiskalt erwischt* (2003) und *Fremde Mächte* (2003).[343] Florian Baxmeyers erster Film *Mörderische Elite* erschien 2003.[344] Im darauf folgenden Jahr wurde am 11. und 12. Mai 2004 jeweils um 20.15 Uhr sein aufwendig inszenierter TV-Zweiteiler *Das Blut der Templer* auf ProSieben ausgestrahlt. Der gleichnamige Roman von Wolfgang Hohlbein und das Drehbuch wurden zeitgleich produziert. Derzeit dreht der Regisseur in Südafrika den Abenteuerfilm *Die drei ??? und das Geheimnis der Geisterinsel*, dessen Erscheinung im Frühjahr 2007 geplant ist.[345] Florian Baxmeyer lebt heute in Hamburg.[346]

2.2 Interpretation

2.2.1 Filmsprache

Im Vorspann des Films erhält der Zuschauer Informationen über die Tempelritter und den Heiligen Gral in Form eines Textes, der von einem Erzähler aus dem Off vorgelesen wird. Im Hintergrund ist dabei das Templerschwert zu sehen. Als Blut in ein rotes Tatzenkreuz auf grauem Hintergrund fließt (Abbildung von Buch- und DVD-Cover), erscheint der Titel *Das Blut der Templer*. Im darauf folgenden establishing shot erhält das Publikum alle notwendigen Informationen für den Hintergrund des Plots und lernt die Charaktere kennen: Zuerst sind mehrere Totalen aus der Vogelperspektive auf Avignon und die Kirche als Schauplatz zu sehen, während die Beschriftung „Avignon, 1985" eingeblendet wird, wodurch Ort und Jahr dem Rezipienten mitgeteilt werden. Währenddessen man auf dem Kirchenplatz getarnte Templer und Prieuré-Ritter, darunter auch Ares, sieht, hört man bereits den

---

343 Vgl. ProSieben: Florian Baxmeyer – Regie. – www.prosieben.de/spielfilm_serie/spielfilme/madebyprosieben/blut_der_templer/stars/002/_index.php, 16.08.2006

344 Vgl. Filmportal: Florian Baxmeyer. – www.filmportal.de/df/86/Uebersicht,,,,,,,,DFD9B25A2DF1494FB8D115BD0C0480DC, 16.08.2006

345 Vgl. ProSieben: Das Blut der Templer. Kritik und Facts. – www.prosieben.de/spielfilm_serie/spielfilme/madebyprosieben/blut_der_templer/kritik/, 27.09.2006

346 Vgl. ProSieben: Florian Baxmeyer – Regie. – www.prosieben.de/spielfilm_serie/spielfilme/madebyprosieben/blut_der_templer/stars/002/_index.php, 16.08.2006

Pfarrer bei Davids Taufe in der Kirche predigen. Die nachfolgende Vogelperspektive auf den Innenraum der Kirche und die anschließenden Nahaufnahmen von David als Baby und Lucrezia führen bereits die ersten wichtigen Personen ein. Danach wird zwischen der Taufe und dem Geschehen auf dem Kirchenplatz hin und her geschnitten. Durch diese Parallelmontage bringt der Zuschauer die Ereignisse als zeitgleich in Verbindung. Vor Beginn des Kampfes werden Robert, Ares und Cedric in der Großaufnahme gezeigt. Das Publikum hat schon eine Ahnung von Ares Unverwundbarkeit, als es in einem special effect in der Detailaufnahme sieht, wie sich dessen Wunde beim Kampf von selbst wieder schließt. Als Robert den kleinen David auf den Altar legt, um ihn zu töten, lässt sich in Großaufnahmen deren Gesichter erkennen, dass Robert von Metz die Tat nicht übers Herz bringt und David völlig furchtlos ist. Er entführt ihn, während Lucrezia im Inneren der Kirche vor dem Altar ihren Schmerz in die Welt hinausschreit. Nachdem Ares nach einer Explosion durch die Luft geschleudert wird, ist eine Detailaufnahme von Davids geschlossenen Augen zu sehen. In Mehrfachbelichtungen und schnellen Schnitten sieht man das Geschehen nochmals vor Davids innerem Auge als Traum. Als er schließlich seine Augen öffnet, sieht man das Gesicht des Protagonisten in einer Großaufnahme und identifiziert ihn somit sofort als Hauptfigur. Mit der Beschriftung „18 Jahre später" erkennt man David als jungen Mann. Er befindet sich in seinem Internatszimmer und hat verschlafen. Eilig begibt er sich ins Klassenzimmer. Auf dem Weg dorthin trifft er Quentin. Mit einer Großaufnahme von Stellas Gesicht wären somit innerhalb von zehn Minuten alle Personen eingeführt.

Die Kamera bleibt während des Films die meiste Zeit über bei David. Doch wie im Buch, verfolgen wir auch im Film das Geschehen aus verschiedenen Perspektiven, weshalb auch Szenen ohne David zu sehen sind. Mittels der Parallelmontage werden Ereignisse, die sich zur gleichen Zeit abspielen, in Verbindung gebracht. Eine Identifikation mit den zentralen Figuren findet durch den point-of-view-shot – dieser wird sogar bei der Sicht durch Ferngläser, Zielrohre oder Nachtsichtgeräte beibehalten – und durch das Verfolgen von Gesprächen über die Schulter der Personen statt. Dabei werden die Gesichter der Figuren in der Nah- oder Großaufnahme gezeigt, damit ihre Emotionen für den Zuschauer gut erkennbar sind. Durch Gegenschüsse wird während einer Unterhaltung zwischen den Gesichtern der beiden Gesprächspartner, welche von der Kamera leicht umkreist werden, hin und her geschnitten. Wenn ein Protagonist läuft, verfolgt ihn die Kamera von hinten, bleibt er stehen, nähert sich die Kamera noch bis an die Schulter der Person, um dann diesen Blick beizubehalten. Auch wenn eine Person auf die Kamera zuläuft, wird sie von dieser um 180° umkreist, um danach wieder den Blick über die Schulter bei einem Gespräch einzunehmen. Führen zwei Personen in Gegenwart Dritter ein intimes Gespräch, wird der Hintergrund unscharf. Da der Film – im Gegensatz zum Roman – nicht nur aus Davids, Roberts und Ares, sondern auch aus Lucrezias Perspektive erzählt wird, lässt sich der Zuschauer nicht von den Intrigen der Prieuré-Herrscherin täuschen, denn der Rezipient verfolgt Dialoge, die ihre heimtückischen Pläne offenbaren. Die Figuren werden durch Aussagen anderer (z.B.: „Robert ist der Templermeister.") oder durch ihr Verhalten charakterisiert. Durch das Beobachten von Szenen in der Parallelmontage hat das Publikum einen Informationsvorsprung vor den Protagonisten (z.B. als Lucrezia und das Schatzsuchergespann David, Stella und Quentin gleichzeitig zu dem Ergebnis kommen, dass sich der Heilige Gral im Vatikan befindet). Die Art der Spannung ist somit mehr auf den Suspense ausgerichtet.

Die Kameraführung ist in diesem Film sehr dynamisch, es herrscht ständige Bewegung, was ohne die offene Bildgröße nicht möglich wäre. Bei Kampfszenen wird der Zuschauer mit unterschiedlichen Einstellungen und Perspektiven förmlich überschüttet: Vor Beginn eines Kampfes wird zunächst die Aufstellung der einzelnen Ritter gezeigt, wodurch das Publikum abermals einen Wissensvorsprung vor den Gegnern hat. Während des Kampfes wird dann durch schnelle Schnitte zwischen verschiedenen Einstellungen und Perspektiven gewechselt. Dabei ist anzumerken, dass alle Schnitte im Film für das Auge des Rezipienten unsichtbar erfolgen. Ab und an sieht man in Detailaufnahmen wo die Schwerter einschlagen (z.B. in einer Mauer oder in einem Auto). Treffen die Schwerter aufeinander, ertönt ein lautes Klirren, welches einen schwingenden Nachklang hat. Bei größeren Schlachten, wie z.B. beim Angriff der Prieuré auf die Templerburg, verfolgt der Rezipient das Geschehen teilweise aus der Vogelperspektive, um den Überblick nicht zu verlieren. In Kampfpausen wird schnell auf die Gesichter gezoomt. Bei den Protagonisten findet auch in solchen Situationen der point-of-view-shot oder der Blick über die Schulter Anwendung. Um besondere Dramatik zu erzeugen, werden einige Szenen in Zeitlupe gezeigt, wobei das Bild jedoch nicht an Schärfe verliert. Die Kampfszenen sind äußerst brutal und blutig. Wenn Ritter geköpft oder meterweit zurückgeworfen werden, erfolgt dies durch Spezialeffekte. Und auch bei Verfolgungsjagden ist die Dynamik der Kamera unverkennbar: Sie fährt auf Reifenhöhe mit oder gewährt die Sicht aus der Windschutzscheibe, die Wackelkamera kommt zum Einsatz und durch die beschleunigte Montage wird die Verfolgung durch immer kürzer werdende Einstellungswechsel zwischen den Autos zu einem Spannungshöhepunkt geführt. Das Geräusch von durchdrehenden Reifen unterstützt die vorherrschende Action.

Rückblenden in die historische Vergangenheit werden entweder durch eine Aufblende oder durch schnelles Heranzoomen auf ein Tatzenkreuz eingeführt. Auch Davids Erinnerung an seine Entführung in Avignon wird durch eine Aufblende eingeleitet. Während die geschichtlichen Ereignisse gezeigt werden, kommentiert der jeweilige Erzähler (Quentin oder Lucrezia) das Geschehen, was den Charakter eines Sprechers aus dem Off hat. Da die historische Geschichte raffend erzählt wird, erfolgen mehrere Überblendungen, um zeitliche Abstände zu demonstrieren. Um Authentizität zu erzeugen, reden die Tempelritter aus dem Jahre 1099 auf Französisch, die deutsche Übersetzung wird, wenn nötig, als Untertitel eingeblendet. Zwischendurch wird Davids Gesicht, dem die Ereignisse berichtet werden, oder das des Erzählers in der Großaufnahme gezeigt. Quentin veranschaulicht David den Sachverhalt zusätzlich mit Buchillustrationen, die dem Zuschauer in der Detailaufnahme dargeboten werden. Wichtige Gegenstände werden immer in der Detailaufnahme gefilmt, so z.B. auch bei der Lösung des Codes auf dem Grabtuch: Beim Rätseln über der Reliquie werden die Lanze und das Grabtuch jeweils in der Detailaufnahme gezeigt, wodurch die Buchstaben in den Öffnungen der Lanze für den Zuschauer sichtbar werden. Durch Verwendung einer Lupe sind sogar die zehn kleinen Zeichen auf dem Tuch erkennbar. Die Aufmerksamkeit kann aber auch durch Schärfenverlagerung auf einzelne Personen oder Gegenstände gelenkt werden. Dies geschieht relativ häufig, da der Film mit einer flachen Schärfe arbeitet, die immer eine Bildebene heraushebt.

Das Blut der Templer besitzt keinen eigenen Soundtrack, der während des Films wiederholt Anwendung findet, der Film wartet jedoch mit einer Vielzahl unterschiedlicher Musikrichtungen auf: von mystischer Orgel- und Chormusik in geheimnisvollen Momenten und historischen Abschweifungen, über Techno- und Rockmusik in Action-Szenen, bis hin zu romantischem Pop in Liebesszenen. Mystische Orte, wie das Geheimversteck der Templerburg oder die Krypta, werden nur mit Fackeln ausgeleuchtet, um die unheimliche Atmosphäre zu unterstreichen. In den düsteren Katakomben werden mit dem Strahl der Taschenlampe die Skelette, welche in jeder Ecke lauern, angeleuchtet. Solche Atmosphären werden zusätzlich mit dem Bildformat 16:9 unterstützt. Doch gleichgültig wie dunkel oder schummrig die Beleuchtung ist, die handelnden Akteure sind stets gut ausgeleuchtet. Lucrezia wird sogar mit einem Glanzlicht auf ihre Haare beleuchtet, was sie beinahe heilig erscheinen lässt. Um Lucrezias und Roberts Führungspositionen zu verdeutlichen, werden sie des Öfteren aus der Untersicht gezeigt oder stehen auf einem Podest. Ortswechsel erfolgen meist mit einer Totalen oder Super-Totalen auf eine Stadt oder ein Gebäude aus der Vogelperspektive. Weitere Totalen wichtiger Gebäude einer Stadt können folgen. Zusätzlich kann eine Beschriftung eingeblendet sein. Das Verstreichen von Stunden oder Tagen wird durch einen Index dargestellt: Durch Überblendungen erfolgen mehrere Einstellungen, die immer dunkler werden, um den anbrechenden Abend zu symbolisieren.

Da der Film eine Fernsehproduktion ist, die in zwei Teilen angelegt ist, endet der erste Teil mit einem besonders spannenden Cliffhanger: David und Robert duellieren sich in der Kapelle der Templerburg. Als der junge Kämpfer zum tödlichen Stoß mit dem Schwert ausholt, verbinden sich durch einen match cut zwei Szenen in der Mise en Scène: Die Einstellung ist dieselbe wie zu Beginn des Films am Altar, nur, dass diesmal David mit gezücktem Schwert über Robert steht. Als Stella ihrem Freund mitteilt, dass Robert von Metz sein Vater ist, sieht man Davids Gesicht aus der Untersicht in einer Großaufnahme, woraufhin in einem Zeitraffer (fast motion) alle bedeutenden Bilder von Beginn des Films an bis zum jetzigen Zeitpunkt vor Davids innerem Auge ablaufen. Zurück auf Davids Gesicht in der Großaufnahme, holt er aus und lässt das Schwert herunterfahren. Der Zuschauer sieht jedoch nicht, wohin es trifft. Nach einer Detailaufnahme des Schwertes erfolgt ein kurzer Blitz und das Bild wird schwarz. Im zweiten Teil wird die Kampfszene von Robert und David gekürzt wiederholt, dieses Mal sieht der Zuschauer jedoch wohin das Schwert trifft, nämlich in den Boden: David hat Robert nicht getötet.

Das Ende des Films wartet mit einer Reihe Special Effects auf, als der Heilige Gral durch Davids Blut zum Leben erweckt wird, ein Blitz durch die Krypta fährt und sich der Gral in einen roten, wässrigen Gegenstand verwandelt. Über Davids Schulter sieht das Publikum in einer Großaufnahme Lucrezia in den Armen ihres Sohnes sterben. Nach ihrem Tod verfestigt sich der Heilige Gral wieder. Bevor David die Treppe hinab steigt, sieht man den Gral nochmals aus der Untersicht, um seine immense Macht zu demonstrieren. David schließt wieder die Geheimtür und nach einer letzten Großaufnahme vom Gesicht des Protagonisten, kehren er, Stella und Quentin dem Zuschauer den Rücken zu, um die Katakomben wieder zu verlassen. Nach einer Abblende folgt der Abspann.

2.2.2 Rollenbesetzung

Da Film und Roman zeitgleich produziert wurden, wurden auch die Personen aufeinander abgestimmt. Sie unterscheiden sich weder in ihrem Aussehen, noch charakterlich vom Roman. Daher seien hier lediglich die Namen der Schauspieler und den ihnen zugeordneten Rollen genannt: Mirko Lang als David, Harald Krassnitzer als Robert von Metz, Catherine Flemming in der Rolle der Lucrezia Saintclair, Oliver Masucci ist Ares Saintclair, Alicja Bachleda-Curus als Stella und Peter Franke in der Rolle von Pater Quentin.

2.2.3 Der Film in der Kritik

Beide Teile von *Das Blut der Templer* hatten überdurchschnittliche Einschaltquoten. Mit einem Marktanteil von jeweils 20 Prozent holte sich der Sender mit dem Zweiteiler den Tagessieg. Laut Weltvertrieb konnten bereits vor der deutschen Ausstrahlung erhebliche Abschlüsse ins Ausland getätigt werden.[347] Viele Rezensenten loben die aufwendige Inszenierung des Films, so z.B. auch die *VideoWoche*: „Mit enormen Aufwand inszenierte Florian Baxmeyer diese Mischung aus Historienfilm, Abenteuer und Thriller."[348] Andere wiederum bemängeln vermehrt auftretende Logikfehler und vermissen schauspielerische Qualitäten, eine intensive Auseinandersetzung mit dem behandelten Thema und kluge Dialoge, wie eine Kritik von *splashmovies* zeigt:

> „Darstellerisch ist der Film ebenfalls keine Offenbarung. Abgesehen von Peter Franke [...] als Bruder Quentin und Ralph Herforth [...] als einer der obersten Templer, bemerkt man schon deutliche Unterschiede zur Qualität einer großen Kinoproduktion. [...] und hat sicherlich nie den Anspruch gestellt, hochtreibende Dialoge oder die Spitze der Darstellungskunst zu präsentieren. [...] ‚Das Blut der Templer' bietet wilde Schwertkampf-Action mit einfach gehaltener Geschichte. Das Templer-Thema wurde ein wenig vernachlässigt und wich dem Kampf zweier verfeindeter Gruppierungen. Wer nicht zu viel erwartet und die Maßstäbe einer TV-Produktion ansetzt, wird sicherlich

---

347 Vgl. finance management: GFP I KG – „Das Blut der Templer", 17.12.2004. – www.finance-management.de/nachrichten/171204001.html, 25.09.2006

348 VideoWoche [zitiert nach: Amazon: Das Blut der Templer. – www.amazon.de/Das-Blut-Templer-2-DVDs/dp/B00067GJG6, 27.09.2006]

ordentlich unterhalten werden. Wer allerdings mehr erwartet, sollte besser weiter suchen."[349]

Florian Baxmeyer selbst interessierte an seiner Produktion am meisten die Verschmelzung von Mittelalter und Moderne:

> „Besonders spannend finde ich die Annahme, dass die Tempelritter heute noch existieren und im Untergrund um den heiligen Gral kämpfen – immer noch mit Schwertern. Diese Kombination von Moderne und Mittelalter, d.h. dass das Mittelalter bis in die heutige Zeit hineinreicht, hat mich wahnsinnig interessiert."[350]

Ich selbst bin auch von der aufwendigen Inszenierung des Films fasziniert, finde jedoch, dass das für das Mystery-Genre typische Motiv der Schnitzeljagd etwas zu kurz kommt.

3. Quervergleich zwischen Buch und Film

Da Film und Roman gleichzeitig entstanden und somit eine Gemeinschaftsproduktion darstellen, stellt der TV-Zweiteiler eine Eins-zu-Eins-Kopie des Buches dar. Der Regisseur scheute weder Kosten noch Mühe, um eine detailgenaue visuelle Umsetzung des Mystery-Romans zu kreieren: Das Projekt wurde mehr als fünf Jahre vorbereitet und es wurden 29721 Meter Film verwendet. Die Choreographie der Kampfszenen wurde vier Wochen mit den Darstellern eingeübt. Für besonders gefährliche Szenen wurden 28 Stuntmen eingesetzt. Baxmeyer engagierte hierfür die Stunt-Crew von Titanic, Gladiator und Blade II. Da im Film *Das Blut der Templer* echte Waffen verwendet wurden, ließ der Regisseur 45 Schwerter schmieden und anfertigen. Die Kostümbildnerin Janne Birk nähte 600 Kostüme für die Tempelritter und die Prieuré de Sion. Vom Szenenbildner Frank Godt wurden 19 Innensets im Studio nachgebaut, darunter auch die Katakomben und die Krypta, welche 25 mal 13,5 Meter Grundfläche einnahm. Die Szenen in und um die Templerburg wurden im Wasserschloss Trakai in Litauen gedreht.[351]

---

349 splashmovies: Die ganze Welt des Films. DVD-Besprechung – Das Blut der Templer. – www.splashmovies.de/html/auf_video_dvd/2005/_das_blut_der_templer_home.php, 27.09.2006

350 Florian Baxmeyer [zitiert nach: ProSieben: Das Blut der Templer. Kritik und facts. – www.prosieben.de/spielfilm_serie/spielfilme/madebyprosieben/blut_der_templer/kritik/, 27.09.2006]

351 Vgl. ProSieben: Das Blut der Templer. Hintergrund. – www.prosieben.de/spifilm_serie/spielfilme/madebyprosieben/blut_der_templer/hintergrund/_002/, 27.09.2006

Da im Vergleich zum Roman keinerlei Szenen oder Dialoge gekürzt oder weggelassen wurden – es werden sogar exakt dieselben Gespräche geführt wie in Hohlbeins Buch –, beträgt die Erzählzeit des Films 190 Minuten. Die erzählte Zeit umfasst – wie im Roman – einige Tage. Es handelt sich somit um eine illustrierende Literaturverfilmung. Natürlich kann die Gedanken- und Gefühlswelt der Protagonisten in einem Film nicht so intensiv dargestellt werden. Doch auch in der Fernsehproduktion wird Davids charakterliche Veränderung durch Plotpoints für den Zuschauer deutlich. Die einzigen Unterschiede zum Roman sind, dass Ares, Roberts und Lucrezias Alter nicht mehrere Jahrhunderte umfasst – oder das Publikum zumindest keine Anhaltspunkte dafür erhält, denn im Rückblick auf den Kampf im Tempelberg sind Ares und Robert nicht mit von der Partie – und dass David am Ende des Films nicht die Lanze in die Krypta wirft, wodurch er oder andere Personen durchaus jederzeit den Heiligen Gral wieder aufsuchen können.

VI. Zusammenfassung

Das Mystery-Genre ist derzeit äußerst erfolgreich und auch in Zukunft ist kein Rückgang des Interesses zu erwarten, denn das neue Genre ist in allen Medien präsent: Dan Browns *Sakrileg* war der Auslöser der Mystery-Welle, die sich in multimedialer Vielfalt niederschlug. In den Internetforen des Lübbe-Verlages auf der Dan-Brown-Seite ist die Nachfrage der Leser nach weiterführender Literatur zu den aufgestellten Thesen im Roman groß.[352] Als Ergänzung zu *Sakrileg* gibt es daher mittlerweile zahlreiche Lesehilfen, Ergänzungen, Gegendarstellungen und ähnliche Romane.[353] Auch die Verfilmungen der Mystery-Romane stoßen auf große Begeisterung, wodurch neue Kino-Produktionen mit Merkmalen des Mystery-Genres entstehen und älteren Filmen, die ähnliche Themen behandelten, erneut die Türen für das Fernsehen geöffnet wurden, denn abgesehen von TV-Produktionen wie *Das Blut der Templer* existieren zahlreiche Mystery-Serien. Das Erfolgsrezept der Gattung ist es, verschwörungstheoretische Themen – wenn möglich mit Bezug zur Historie – zu behandeln und sie in eine spannende Geschichte mit phantastischen, übernatürlichen Aspekten einzubinden. Besonders beliebt sind dabei reale Schauplätze der Handlung, um einen Wahrheitsgehalt des Plots nicht auszuschließen. Die Gesellschaft des 21. Jahrhunderts sehnt sich nach Geheimnissen, da sie in einer auserklärten Welt lebt. Um sich mit den Protagonisten identifizieren zu können, sind diese nicht als typischen Helden angelegt, sondern als ganz gewöhnliche Menschen, die in eine Intrige hineingezogen werden. Dass das Thema nicht nur intermedial, sondern auch international auf Begeisterung stößt, wurde in dieser Arbeit mit dem Erfolg zweier europäischer und eines amerikanischen Autors belegt und wird auch durch das internationale Angebot weiterer Mystery-Romane, -Filme, -Hörbücher, -Computerspiele und Sachbücher zu den untersuchten Themen deutlich.

Ich hoffe, mit meiner Arbeit einen Anstoß für weitere Untersuchungen auf diesem selten behandelten Fachgebiet leisten zu können.

---

352 Vgl. Schürmann, Hans: Verwischte Realität. In: Handelsblatt. Nr. 226 vom 19.11.2004, S. 10

353 Vgl. Kochmann: Lügen, Blut und Weihrauch. In: Stern 19(2006), S. 60

VIII. Literaturverzeichnis

1. Primärliteratur

Brown, Dan: Sakrileg. The Da Vinci Code. 1. Aufl. Bergisch Gladbach: Lübbe, 2006

Pérez-Reverte, Arturo: Der Club Dumas. 9. Aufl. Goldmann, 1997

Hohlbein, Wolfgang: Das Blut der Templer. Köln: vgs Egmont, 2004

2. Sekundärliteratur

2.1 Monographien

Baigent, Michael; Leigh, Richard: Der Tempel und die Loge. Das geheime Erbe der Templer in der Freimaurerei. – Bergisch Gladbach: Lübbe, 1990

Deutsch. Prosatexte analysieren. 3. aktualisierte Auflage. – Duden, 2006

Gesing, Fritz: Kreativ schreiben für Fortgeschrittene. Geheimnisse des Erfolgs. 1. Aufl. – Köln: DuMont, 2006

Hauf, Monika: Der Mythos der Templer. – Düsseldorf: Walter, 1995

Kontext Film: Beiträge zu Film und Literatur / hrsg. von Michael Braun und Werner Kamp. – Berlin: Erich Schmidt, 2006

Lexikon Regisseure und Kameraleute von A-Z / Hans-Michael Bock (Hrsg.). – Reinbeck bei Hamburg: Rowohlt Taschenbuch Verlag

Marschall, Susanne: Filmregisseure. Biographien, Werkbeschreibungen, Filmographien / Thomas Koebner (Hrsg.). – Reclam

Mikos, Lothar: Film- und Fernsehanalyse. – Konstanz: UVK Verlagsgesellschaft, 2003

Monaco, James: Film verstehen. Kunst, Technik, Sprache, Geschichte und Theorie des Films und der neuen Medien / Deutsche Fassung herausgegeben von Hans-Michael Bock. 6. Aufl. April 2005. – Reinbeck bei Hamburg: Rowohlt Taschenbuch Verlag, 1980

Nardini, Bruno: Das Handbuch der Mysterien und Geheimlehren. – Goldmann, 1990

Nünning, Anskar: Metzler Lexikon Literatur- und Kulturtheorie. Dritte, aktualisierte und erweiterte Auflage. – J. B. Metzler

Walsh, Michael: Die geheime Welt des Opus Dei. Macht und Einfluss einer Organisation im Schatten der Kirche. Deutsche Erstausgabe. – München: Heyne, 1992

2.2 Sammelwerke und Aufsätze aus Sammelwerken

Graf Werner: Der Sinn des Lesens. Modi der literarischen Rezeptionskompetenz. In: Leserforschung. Band 1. – Münster: Lit, 2004

Graf, Werner: Lektüre zwischen Literaturgenuss und Lebenshilfe. Modi des Lesens – eine Systematisierung der qualitativen Befunde zur literarischen Rezeptionskompetenz. In: Schriftenreihe „Lesewelten". Leseverhalten in Deutschland im neuen Jahrtausend. Band 3. – Hamburg: SPIEGEL-Verlag, 2001

2.3 Aufsätze aus Zeitungen

Angst vorm „Da Vinci Code". Das Kino ist ein Teufelszeug. In: Frankfurter Allgemeine Zeitung. Nr. 92 vom 20.04.2006, S. 39

Baier, Uta: Ein ganz normales Abendmahl. In: DIE WELT. Nr. 112 vom 15.05.2006, S. 25

Bertsch, Ariane: vom segeln und reihern. In: Frankfurter Rundschau. Vom 01.09.2001

Breitenstein, Rolf: Doch seine Seele jubelte. In: Journal

Burghardt, Peter: Stiller Poet auf den Wellen des Erfolgs. In: Süddeutsche Zeitung. Nr. 183 vom 10.08.2001, S. 3

Füser, Hans-Dieter: Opus Dei . Eine Gesellschaft kämpft um ihren Ruf. In: Mannheimer Morgen vom 18.05.2006, S. 3

Gegen eine Verfälschung. In: Generalanzeiger. Nr. 35267 vom 24.01.2006, S. 16

General-Anzeiger. Nr. 34699 vom 13./14.03.2004, S. 2

Gotteskrieger. In: Stuttgarter Zeitung. Nr. 105 vom 07.05.2004, S. 32

Heide, Annett: Kampf der Bilder. In: Berliner Zeitung. Nr. 109 vom 11.05.2006, S. 3

Hölzel, Gebhard: Verschwörung im Namen Jesu. In: Mannheimer Morgen. Vom 18.05.2006, S. 3

I. P.: Bart und Degen. In: Frankfurter Allgemeine Zeitung. Nr. 21 vom 25.01.2003, S. 33

Kaffsack, Hanns-Jochen: Mona Lisa und der Zorn des Vatikans. In: General-Anzeiger. Nr. 35295 vom 25./26.02.2006, S. 14

Krause, Matthias B.: Widerstand gegen einen Kirchen-Thriller. In: Mannheimer Morgen. Vom Mai 2006

Krings, Dorothee: Ernster Phantast. In: Rheinische Post. Nr. 144 vom 24.06.2000, S. 3

Labyrinth ohne Ausgang. In: Frankfurter Allgemeine Zeitung. Nr. 157 vom 10.07.2003, S. 32

Mönninger, Michael: Wo geht's hier zum Gral? In: DIE ZEIT. Nr. 20 vom 11.05.2006, S. 79

Platzeck, Wolfgang: Die Mona Lisa birgt mehr als ein Geheimnis. In: Westdeutsche Allgemeine Zeitung. Nr. 138 vom 16.06.2004

Schürmann, Hans: Verwischte Realität. In: Handelsblatt. Nr. 226 vom 19.11.2004, S. 10

Schwieren-Höger, Ulrike: Das Opfer baumelt am Seidengürtel. In: DIE WELT. Nr. 139 vom 17.06.1995, S. 95

Seeßlen, Georg: Die Rückseite des religiösen Events. In: Stuttgarter Zeitung. Nr. 98 vom 28.04.2006

Stein, Emmanuel van: Browns Schnitzeljagd von Paris zum Vatikan. In: Kölner Stadtanzeiger. Nr. 85 vom 10./11.04.2004, S. 44

Stein, Emmanuel van: Horror aus der Provinz. In: Kölner Stadtanzeiger. Nr. 243 vom 19./20.10.2002

Wartburg, Sophie von: Die Akte Jesu. In: Neue Zürcher Zeitung / Internationale Ausgabe. Nr. 226 vom 28.09.2005, S. 37

2.4 Aufsätze aus Zeitschriften

Aufgefallen. Buchmenschen im Blickpunkt. In: buchreport.express 30(27.07.2006), S. 37

Brand, Jobst-Ulrich: Auf Tiefgang. In: Focus 42(2001), S. 142

Dan Brown musste die harte Schreibschulbank drücken. In: buchreport.magazin (Juni 2006), S. 97

Diedrich, Holger: Zehn Wahrheiten über Dan Browns SAKRILEG. In: Welt der Wunder 5(2006), S. 92

Fiedler, Teja: Hatte Jesus Frau und Kinder? War er Gottes Sohn oder Mensch? In: Stern 9(2004), S. 198

Koberger, Peter: The Da Vinci Code – Sakrileg. In: Kinopolis (Mai 2006), S. 8

Kochmann: Lügen, Blut und Weihrauch. In: Stern 19(2006), S. 60

Kronsbein, Joachim: Der Vatikan in Panik. In: Der Spiegel 13(22.03.2004), S. 194

Kühn, Alexander: Die Seite der Kirche. In: Stern 45(2006), S. 219

München, Brit: Die Fäden der Ariadne. In: buchreport.magazin 7(2005), S. 37

München, Brit: Geheimnisvolle Themen wecken goldene Träume. In: buchreport.magazin 7(2005), S. 36 f

Paetow, Stephan: Das doppelte Missverständnis. In: Focus 21(2006), S. 152

Pauli, Harald: Erhellender Sprung ins Dunkle (Interview mit Ron Howard). In: Focus 19(2006), S. 87 f

SECRETS OF DA VINCI. In: Game Star (2006), S. 15

Teichmann, Bernd: DER DAN-BROWN-CODE. In: Stern 19(2006), S. 68

Teichmann, Bernd: Verdammt gut besetzt. In: Stern 19(2006), S. 70

Vorausgesehen. In: buchreport.express 20(2006), S. 44

Vorausgesehen. In: buchreport.express 50(09.12.2004), S. 40

Wolf, Martin: Limonade statt Zitronen. In: Der Spiegel 20(2006), S. 190

2.5 CD-ROMs

Munzinger Archiv: Dan Brown. – 2005, CD-ROM. 24.07.2006

Munzinger Archiv: Roman Polanski. – 2003, CD-ROM. 24.07.2006

Munzinger Archiv: Ron Howard. – 2000, CD-ROM. 24.07.2006

2.6 Internetquellen

(Alle Internetseiten letzter Zugriff am 05.10.2006)

allmovie: Ron Howard, 2006. – www.allmovie.com/cg/avg?p=avg&sql=2:94983~T1

Amazon: Das Blut der Templer. – www.amazon.de/Das-Blut Templer-2-DVDs/dp/B00067GJG6

Bender Verlag: Lexikon der Filmbegriffe (Online), 2003. – www.bender-verlag.de/lexikon/suche.php

Compart, Martin: Die Welt der augenlosen Toten. – http://evolver.at/?story=743

Dirk Jasper FilmLexikon: Die neun Pforten. – www.djfl.de/entertainment/djfl/1105/110582.html

Dirk Jasper Filmstarlexikon: Interview mit Roman Polanski. – www.djfl.de/entertainment/stars/r/roman_polanski_i_01.html

Filmportal: Florian Baxmeyer. – www.filmportal.de/df/86/Uebersicht,,,,,,,DFD9B25A2DF1494FB8D115BD0C0480DC,,,,,,,,,,,,,,,,,,,,,,,,,,,.html

finance management: GFP I KG – „Das Blut der Templer“, 17.12.2004. – www.finance-management.de/nachrichten/171204001.html

Internet Movie Database: Biography for Florian Baxmeyer. – www.imdb.com/name/nm1140801/bio

Krimicouch: Arturo Pérez-Reverte. – www.krimi-couch.de/krimis/arturo-perez-reverte.html

splashmovies. Die ganze Welt des Films: DVD-Besprechung – Das Blut der Templer. – www.splashmovies.de/html/auf_video_dvd/2005/das_blut_der_templer_home.php

www.hohlbein.net/

www.prosieben.de/spielfilm_serie/spielfilme/madebyprosieben/blut_der_templer/home/

www.wikipedia.org

3. Abbildungsnachweise

Abbildung 1:	www.dan-brown.de/bmp
Abbildung 2	www.artezia.net/litterature/dan-brown/dan-brown.bmp
Abbildung 3:	www.dan-brown.de/bmp
Abbildung 4:	www.jacneed.com/PhotoFile/Ron_Howard.bmp
Abbildung 5:	www.amazon.de/Club-Dumas-Arturo-Perez-Reverte/dp/3442721938
Abbildung 6:	www.el-mundo.es/magazine/num108/imagenes/perez1.bmp
Abbildung 7:	www.amazon.de/Die-neun-Pforten-Roman-Polanski/dp/B00004TLKI
Abbildung 8:	www.guesswhosthejew.com/photos/thumbnails/200x300/Roman%20Polanski.bmp
Abbildung 9:	www.hohlbein.net/de/h/h0hb0ls14g/3-8025-3436-0.htm.bmp
Abbildung 10:	www.hohlbein.net/pics/pr/hohlbeinNET_pr2005_06_1934b.jpg.
Abbildung 11:	www.score11.de/p/93/18693.bmp
Abbildung 12:	http://photos.oscars.org/downloadpreview.php/Baxmeyer,Florian-p.bmp

Die Verbindung von Literaturwissenschaft und medienwissenschaftlichen Fragen ist von aktueller, rasch zunehmender Relevanz Besonders ausgezeichnete Abschlussarbeiten der Hochschule der Medien Stuttgart (HdM) verknüpfen Forschung zur internationalen Gegenwartsliteratur mit Aspekten der Intermedialität und des Medienwechsels, etwa zu Film und Hörbuch, Drehbuch und Comic.

In der Schriftenreihe Literatur *und* Medien sind bisher erschienen:

Nina Waldkirch:
Der Trend zum Mystery-Genre in neuen Romanen und Filmadaptionen - Dan Brown, Arturo Pérez-Reverte und Wolfgang Hohlbein
(Band 1)
135 Seiten, 24,90 Euro, 2007
ISBN 978-3-8288-9365-8

Zeitfracht Medien GmbH
Ferdinand-Jühlke-Straße 7
99095 Erfurt, Deutschland
produktsicherheit@kolibri360.de